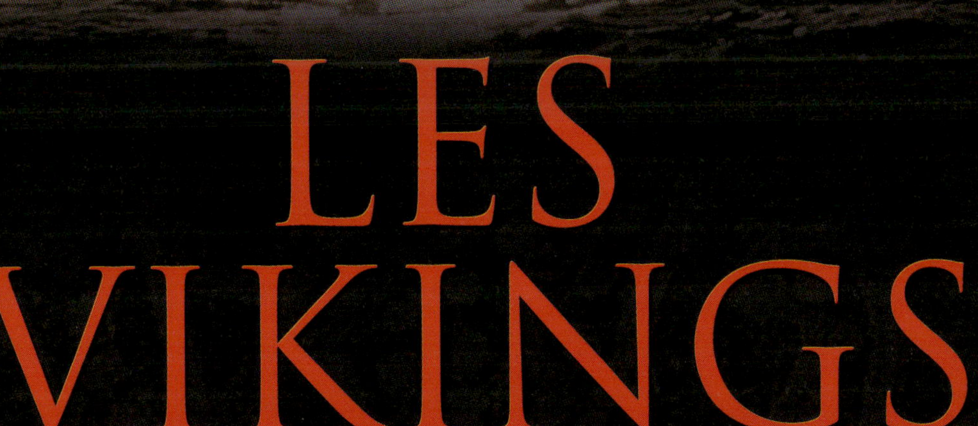

LES VIKINGS

Damien Bouet

HEIMDAL

COLLECTION ISLANDICA

En couverture : Le *Saga Oseberg*,
photo © Nina Killie Øydvin, Oseberg Viking Heritage.

COLLECTION ISLANDICA

EDITIONS HEIMDAL
2 rue de la Cartoucherie 14400 Saint-Martin-des-Entrées
Tél. : 02 31 51 68 68
www.editions-heimdal.fr

ISBN : 9782840484943

LES VIKINGS
INTRODUCTION

« *A furore Normannorum libera nos, Domine* »[1], disaient les moines en fuyant face aux incursions scandinaves. Triste réputation que les Vikings ont et qui est aujourd'hui intégrée à l'inconscient collectif. Cependant, comme Jacques Bouineau le signalait, les anciens Scandinaves, souvent dépeints comme des « barbares » assoiffés de sang et d'or, ont pourtant développé une société complexe et normée, dont les principes politiques vont influencer la féodalité médiévale[2].

Loin de nous l'idée de tomber dans l'excès inverse, et de faire des Vikings d'honnêtes commerçants, défendant âprement leurs marchandises, face à d'horribles pillards à la croix. Comme l'explique parfaitement Marc-Antoine Kaeser, le danger est de déformer la réalité historique, en contestant l'imagerie véhiculée par les romantiques du XIXe siècle, tout en employant les mêmes critères que ceux qui ont servi à les dévaloriser[3]. Nous tombons alors dans une certaine forme de fantasmagorie, reflétant davantage les paradigmes personnels de l'auteur, qu'à une quelconque réalité[4]. Les nombreux documentaires, films, séries ou articles de vulgarisations publiés ces dernières années illustrent d'ailleurs notre propos. Les Vikings, autrefois coiffés du casque à cornes et au ventre à bière, braillards et bagarreurs, à la *Hägar Dünor*[5], deviennent de bons démocrates, respectueux de toutes les religions et de toutes les mœurs. Comme toujours, l'Homme étant attiré par les extrêmes, la vérité est à trouver entre deux eaux.

Les sources manuscrites illustrent la violence de cette époque. Dans la société scandinave de cette période, elle se manifeste sous de nombreuses formes : guerres, batailles, ou simples querelles musclées. Bien que postérieures à l'ère viking, les sagas retranscrivent d'ailleurs cet aspect. La violence y est personnelle, directe et viscérale, souvent accentuée par la colère ou la vengeance, mais aussi par la recherche du pouvoir et de la gloire[6]. De fait, l'image du paisible aventurier / paysan se retrouve entachée par cette réa-

Figure de proue du Saga Oseberg, à Tønsberg (Norvège).
(photo Damien Bouet, Oseberg Viking Heritage.)

lité, mais elle reste à contextualiser dans une période durant laquelle la violence, sans être omni- présente, reste prégnante.

Toutefois, pour ne pas tomber dans la caricature historiographique des *Dark Ages*, force est de constater que les fouilles archéologiques menées dans la sphère scandinave révèlent une certaine finesse de l'Art viking et le raffinement de leur société. Tout barbare qu'ils sont (d'après les sources latines), les Vikings ont développé une société particulièrement aboutie et hiérarchisée. Cependant, comme le souligne parfaitement Brigitt Sawyer, bien que le courant romantique est présenté une société scandinave égalitaire, aucune preuve ne permet d'attester l'existence d'une société paysanne libre et équitable à cette époque[7]. Les sagas présentent exclusivement des propriétaires fonciers libres et des chefs, ayant plus ou moins des intérêts communs, soutenus par des hommes et des femmes non libres, réalisant des travaux subalternes. La *Rígsþula*, bien que postérieure de trois siècles, décrit d'ailleurs une société de ce type[8].

Ce présent ouvrage, consacré à l'expansion scandinave vers l'ouest, ne prétend pas mettre à plat plus d'un siècle de querelles de spécialistes et de recherches sur les Vikings, mais simplement de proposer une introduction sobre et actualisée à la culture et de l'histoire viking. ∎

---

[1] « De la fureur des Normands, libère-nous Seigneur ».
[2] Bouineau J., 1996, p.13-14.
[3] M.A. Kaeser, documentaire Arté 2013, 95min20.
[4] Bouet D, 2014, p.84.
[5] Personnage de bande-dessinée créé par Dik Browne en 1974.
[6] Brown W.C., 2010, chap.1 / Gritton J., 2017, p.1.
[7] Sawyer B., 2003, p.52.
[8] Boyer R., 1992, p.15.

SOMMAIRE

Casque de la tombe de Valsgärde 5 (Suède), VIIᵉ siècle.
(photo Joe Mabel, Historiska Museet, Stockholm.).

Évocation d'un espace votif à Lejre
de l'âge du Fer germanique.
(photo Damien Bouet, Sagnlandet, Lejre.)

LES ORIGINES

Les historiens ont longtemps vu la Scandinavie d'avant la période viking comme un conservatoire des traditions germaniques en marge de l'Empire romain. Elle serait restée à l'écart des évolutions sociétales et techniques[1]. Cependant, les fouilles menées ces dernières décennies montrent au contraire une Scandinavie tournée vers le monde, déjà durant l'âge du Fer romain (1-400 ap.J.-C.). Le Danemark est alors la plaque tournante pour les échanges entre les parties les plus septentrionales de l'Europe et celles les plus méridionales. L'abondance d'objets provenant de l'Empire dans cette région montre qu'elle avait un rôle clef pour la redistribution de ces importations, principalement composées de services à banqueter[2].

Collier en perles de verre, importées du bassin méditerranéen, découvert dans les marais de Himlingøje. (Danemark).
(photo Lennart Larsen, Nationalmuseet, Copenhague.)

Visage en or et argent,
découvert à Vimose (Danemark).
(photo Lennart Larsen,
Nationalmuseet, Copenhague.)

Dépôt votif découvert à Himlingøje (Danemark),
comprenant un service à banqueter d'origine italique.
(photo Lennart Larsen, Nationalmuseet, Copenhague.)

Spatha provenant des marais de Vimose (Danemark).
Une damasquinure, représentant le dieu mars,
trahit l'origine romaine de cette épée.
(photo Damien Bouet, Moesgård Museum, Højbjerg.)

Dans le courant du IIIe siècle, la Scandinavie assiste à une affirmation de l'aristocratie guerrière, se traduisant par la découverte de dépôts votifs d'armes, en grande partie d'origine romaine. À Illerup Adal, près de 150 épées, provenant de Gaule, ont été découvertes. À Vimose, près de 1000 pièces d'armement ont été trouvées[3]. Des chefs de guerre parviennent alors à lever d'importantes armées, pour essayer de prendre le contrôle de régions entières. Au-delà des dépôts votifs, des phases de destruction ont été révélées par l'archéologie, en particulier au Danemark, dans des villages de cette période[4]. D'ailleurs, ce qui pourrait être des centres royaux, prémices des places centrales qui se développent durant l'âge du Fer germanique (400-750)[5], commencent à être construits en Scandinavie. Il s'agit là des prémices des halles à banqueter, qui vont caractériser la représentation du pouvoir en Europe du Nord.

L'âge de Vendel

L'âge de Vendel est une période capitale pour la Scandinavie. On voit alors apparaître une certaine hiérarchisation de la société et le développement de royaumes solides. Nommé du nom de la célèbre nécropole de Vendel, à Uppsala (Suède), elle débute traditionnellement vers 540 et se conclut en 793.

Durant les deux derniers siècles de l'Empire romain d'Occident, la Scandinavie est partagée en deux. Du fait de leur situation géographique, la Norvège et le Danemark sont tournés vers la Mer du Nord, tandis que les Suédois ont davantage de liens avec les peuplades du pourtour de la Baltique. L'*instrumentum* découvert dans ses régions, illustre les liens commerciaux que les élites entretiennent vers l'est ou vers l'ouest[6]. L'arrivée des Avars, à partir des années 560, va cependant bouleverser le jeu des alliances et le réseau commercial à l'est, favorisant les échanges avec la Gaule et les Anglo-Saxons. Par ailleurs, la peste de Justinien, qui frappe l'Occident depuis 541, va complètement modifier la géopolitique européenne. L'affaiblissement brutal du bassin méditerranéen fait basculer les jeux d'in-

Casque découvert
dans la sépulture I
de Vendel (Suède).
(photo Ola Myrin,
Historiska Museet, Stockholm.)

fluences vers le Nord. Les rois francs tournent le dos à la Méditerranée et favorisent le commerce avec les peuplades de la Mer du Nord[7].

Jusqu'alors, la Scandinavie tire son économie de l'agriculture, de la pêche et de la chasse. La situation en Occident va permettre d'importants changements dans les années 550. On assiste à l'émergence d'une nouvelle aristocratie et à la création d'agglomérations autour de grands centres agricoles, à l'instar d'Uppsala (Suède), Lejre (Danemark) ou Borg (Norvège). L'élite préviking cherche à montrer son nouveau statut en construisant des complexes palatiaux, que l'historiographe appelle généralement « places centrales », comprenant un domaine agricole, un centre religieux et politique, ainsi que des artisans et commerçants[8]. Elle élève également des nécropoles tumulaires, à l'instar de celles de Valsgärde (Suède) ou de Borre (Norvège), dans lesquelles les chefs sont inhumés dans des bateaux. D'ailleurs, aux IXe et Xe siècles, les rois vikings légitimeront leur lignage avec cette première lignée royale, appelée *Ynglingar*, présente en Suède et en Norvège[9].

Epée découverte dans la sépulture I de Vendel. L'anneau en or, présent sur le pommeau, est le symbole du lien que le propriétaire de l'épée devait entretenir avec un roi ou un chef. Dans le poème épique *Beowulf*, il est de coutume d'appeler un chef généreux un *beahgifa* (donneur d'anneau). (photo Damien Bouet, Historiska Museet, Stockholm.)

Cet essor politique est accompagné d'un essor commercial. Dès la fin du VIe siècle, les principaux emporia de Scandinavie, tels que *Ripa* (Ribe, Danemark), *Haiðaby* (Busdorf, Allemagne, anciennement au Danemark) ou *Birka* (Björkö, Suède), sont en place, traduisant l'incorporation des Scandinaves aux grandes voies commerciales[10]. On note une circulation importante de monnaies, d'ailleurs dérivées des *solidii* et *denarii* impériales[11]. Enfin, la quantité d'objets d'importations, provenant pour certains du pourtour méditerranéen, de la Mer Noire et d'Inde, montrent l'importance de la Scandinavie à l'âge de Vendel. Il existe peu de traces des exportations scandinaves en Europe, mais il est probable qu'ils aient exporté du goudron, des fourrures, des animaux vivants (faucons et grands rapaces), comme attesté chez les Germains à la même période. À en croire l'importante quantité de rejets de métallurgie, découverts dans des dépôts détritiques, le fer a été l'une des marchandises qui ont fait la richesse de ces places centrales[12]. Le casque et les umbos découverts dans la tombe à bateau de Sutton Hoo (Angleterre) sont clairement de filiation suédoise. Bien que la forme de la bombe et du masque diffère, le décorum est similaire à celui ornant les casques de Valsgärde. Il est possible que des artisans scandinaves se soient installés à la cour de l'aristocratie saxonne, ou que ces armes aient été un cadeau diplomatique entre l'élite suédoise et le chef saxon[13]. D'ailleurs, ces liens sont illustrés dans *Beowulf*, le plus ancien poème en vieil anglais. Ce texte dépeint une société à cheval entre le monde saxon et scandinave, au VIe-VIIe siècle. On retrouve ainsi les *Wylfingas* aussi bien en East-Anglia, sous le nom de *Wuffingas*, ainsi que dans l'Uppland (Suède) et Østfold (Norvège) appelés *Wulfings*[14]. Par ailleurs, des sites centraux comme Lejre (Danemark), sont aussi bien évoqués dans *Beowulf* que dans la *Gesta Danorum*, preuve de la perméabilité des deux mondes[15]. Perméabilité qui se retrouve également dans la représentation du pouvoir, puisqu'on retrouve des deux côtés de la Mer du Nord, des halles à banqueter ou encore une démonstration du clientélisme par les cadeaux majestueux[16]. ∎

[1] Bauduin P., 2019, p.103-104.
[2] Grane T., 2013, p.359-362.
[3] Jensen X. P., 2012, p.168-172.
[4] Christensen B., Jensen S. E. *et alii*, 2007, p.43-133.
[5] Sundqvist O., 2011, p.70-73.
[6] Ljungkvist J. 2018, p.13-15.
[7] Le Jan R., 2007, p.65-67.
[8] Hedeager L., 2008, p.11-12.
[9] Dillmann F.-X., 2000, p.55-108.
[10] Gauthier A., 2017, p.105.
[11] Nielsen S. 2012, p.185-187.
[12] Ljungkvist J. 2018, p.21-22.
[13] Woolf A., 2014, p.13.
[14] Newton S., 1993, p.117.
[15] Hedeager L., 2008, p.16-18.
[16] Pollington S., 2003, p.112-114.

[Ci-dessus à gauche] : Amulette, représentant le dieu Thor, datée du début du VIIIᵉ siècle.
De nombreux objets de ce type ont été découverts sur le pourtour de la Baltique. Ces amulettes
illustrent le lien qu'entretenait les population de ces régions. (photo Damien Bouet.)

[Ci-dessus au milieu] : *Solidus* de Constantin Iᵉʳ (272-337 ap. J.-C.), réemployé comme pendentif,
découvert à Gudme (Danemark). (photo John Lee, Nationalmuseet, Copennague.)

[Ci-dessus à droite] : Pendentif représentant un « guerrier-dansant », imagerie classique du culte
odinique, découverte à Kungsängen (Suède). (photo Damien Bouet, Historiska Museet, Stockholm.)

[Ci-dessous] : Matrice de Torslunda (Suède), VIᵉ siècle.
Ces matrices, servant à réaliser des plaques historiées, reprennent l'imagerie classique de l'art
scandinave de l'âge du Fer germanique. Sur cette dernière, on voit un *Berserkr* (à droite)
tirant une épée du fourreau, et une possible représentation d'Odin (à gauche).
(photo Historiska Museet, Stockholm.)

Attaque de Normands,
Vie de saint Aubin d'Angers, XIᵉ siècle.
(photo BnF, Paris, NAL 1390, f.7r.)

LE « PHÉNOMÈNE VIKING »

« Cette année-là, de sinistres présages apparurent en Northumbrie et effrayèrent cruellement les gens. Ils consistaient en immenses tourbillons et éclairs, on vit de féroces dragons volants dans les airs. Une grande famine suivit immédiatement ces signes, et un peu plus tard, la même année, le 8 juin, les ravages opérés par ces païens détruisirent lamentablement l'église de Dieu, à Lindisfarne, par le pillage et le meurtre. »

Depuis de nombreuses décennies les chercheurs tentent de comprendre la naissance du phénomène viking, se traduisant par une intensification des raids, mais également l'entreprise de grandes expéditions – vers l'ouest, comme vers l'est – visant à créer des colonies et de nouveaux royaumes. Traditionnellement, l'historiographie fait commencer l'âge viking en 793 avec le raid de Lindisfarne[1]. Une entrée en matière fracassante, mais déjà en partie erronée puisqu'en 789, l'*Anglo-Saxon Chronicle* décrit l'arrivée de trois bateaux « d'hommes du nord » (*Norþman* en vieil-anglais) et la mort de Beaduheard, l'intendant royal, qui est tué à Dorchester. À la même période, Offa de Mercie renforce les défenses côtières, preuve d'une certaine recrudescence des raids scandinaves sur la côte est de l'Angleterre[2].

Les auteurs, poussés par le courant romantique, ont voulu expliquer le raid de Lindisfarne comme une réponse au massacre de Verden, commis en 782 par Charlemagne[3]. Sorte de « grand traumatisme » qui aurait poussé les Scandinaves, alors païens, à mener une expédition punitive vers ce monastère chrétien. Bien que le chef saxon Widukind, beau-frère du roi du Danemark, ait obtenu le soutien des Danois, cette interprétation semble alambiquée. Aucune source – norroise, franque ou anglo-saxonne – ne permet d'ailleurs de la créditer[4].

D'ailleurs, les quelques bribes d'informations disponibles dans les sources manuscrites contemporaines du raid de 793 laissent supposer que ces hommes du nord n'étaient guère de parfaits inconnus sur le littoral. *« Songez aux vêtements, à la coiffure, aux mœurs luxurieuses des princes et du peuple. Voici la taille de la barbe, la coupe de cheveux par lesquelles vous avez voulu ressem-*

bler aux païens. La terreur qui menace ne vient-elle point de ceux dont vous voulez avoir la coupe ? »[5]. Ce passage de la correspondance entre Alcuin et Æthelred de Northumbrie, laisse supposer qu'ils étaient suffisamment fréquentables, mais surtout suffisamment présents dans la région, pour influencer la mode locale. De fait, cette prétendue haine du chrétien ne pourrait être que le reflet de la pensée des clercs – à la fois victimes et chroniqueurs de ses exactions – qui voient ses invasions comme une punition divine[6]. Il est également possible que les auteurs aient exagéré la violence des attaques (au-delà du traumatisme probable de ces raids), pour attirer l'attention de l'aristocratie laïque et ainsi susciter une réaction rapide des autorités, face à ce mal « nouveau ». On retrouve d'ailleurs systématiquement les mêmes expressions caricaturales pour décrire ces ineffables païens, qui pillent et massacrent, pour le plus grand malheur des chrétiens[7]…

Le château de Lindisfarne, construit avec une partie des pierres de l'abbaye de Lindisfarne, domine la Mer du Nord. (photo Rob McAvoy.)

D'autant plus, les éléments archéologiques aujourd'hui disponibles, tendent à très largement reculer les débuts de l'expansion viking. En 2008, la découverte des deux navires de Salme, sur l'île de Saaremaa (Estonie), a relancé le débat de l'origine des raids. Ces embarcations, contemporaines des sépultures princières de Valsgärde, contenaient les dépouilles de quarante guerriers (sept pour le plus petit, trente-quatre pour le plus grand), visiblement tués lors d'une bataille. Les analyses réalisées sur huit individus ont prouvé qu'ils provenaient du centre de la Suède. Découverte notable, puisque les tombes à bateau sont caractéristiques de la période préviking, mais guère étonnante puisque, depuis les années 1990, de nombreuses sépultures, contenant du matériel scandinave, ont été découvertes en Finlande et plus largement dans les Pays baltes. Visiblement, dès le IIIe siècle, des liens très forts se tissent entre les Suédois et les Baltes[8]. Cependant, un *instrumentum* scandinave n'induit pas systématiquement que le défunt soit scandinave (il s'agit dans le cas présent de sépulture à incinération, limitant l'identification des individus). Néanmoins, à partir du VIe siècle, la présence importante de sépultures de « type scandinave », laisse supposer que des colons, probablement suédois, se sont implantés en Estonie et plus largement sur le pourtour de la Baltique. D'ailleurs, Ladoga (Oblast de Saint-Petersbourg), fondé en 753, a longtemps été le principal port d'Europe orientale[9].

Pierre tombale découverte à Lindisfarne,
elle est interprétée comme étant une représentation de guerriers vikings.
(photo Damien Bouet, Lindisfarn Abbey.)

Réplique du navire de Kvalsund, daté de la fin du VIIe siècle
et marquant la probable transition entre les bateaux d'aviron et les bateaux à voile.
(photo Sunnmøre Museum.)

De fait, les découvertes notables de ces deux dernières décennies montrent que la Scandinavie d'avant 793 n'était pas recluse sur elle-même et que des liens existaient déjà entre les élites. Cependant, l'origine du phénomène viking reste un mystère et l'objet de vifs débats entre les historiens. James H. Barrett en 2008[10], ou plus récemment Pierre Bauduin[11], ont fait une synthèse assez complète de ces raisons.

Des raisons techniques ?

Le navire de Kvalsund, daté de la fin du VIIe siècle et découvert dans les années 1920 sur le site éponyme au nord de la Norvège, a longtemps été vu comme un navire de transition entre les embarcations à rame et celle à voile[12]. Le développement dans la voile, et plus largement des gréements, a été interprété comme la cause possible du phénomène viking.

Cependant, le dépôt sacrificiel de Nydam (Allemagne), daté du IVe siècle, prouve une certaine habitude des mouvements d'armées en bateau durant l'âge du Fer romain. D'ailleurs, la pratique du mercenariat est ancrée en Scandinavie dès la période impériale romaine, comme l'attestent les nombreux trésors découverts principalement au Danemark, mais aussi en Suède[13]. Par ailleurs, les études génétiques menées dans les îles britanniques montrent l'arrivée massive de Germains septentrionaux dès le Ve siècle. De fait, les Scandinaves savent déjà parfaitement naviguer avant la période viking et surtout connaissent suffisamment les voies maritimes pour arriver à bon port[14].

L'amélioration des bateaux a donc probablement facilité l'expansion scandinave, mais elle n'en est guère la cause.

Gravure représentant la « barque » de Nydam, embarcation du début du IVe siècle ap. J.-C. découverte à Nydam Mose (Allemagne). (collection Damien Bouet.)

Épées, lance et étrier découverts au Danemark, Xe siècle.
(photo Lennart Larsen, Nationalmuset, Copenhague.)

Des raisons démographiques ?

Durant les premières décennies du phénomène viking, l'objectif des équipages était probablement de faire rapidement fortune. Les monastères, riches et peu protégés, sont alors un moyen simple de s'enrichir. Cependant, cette première phase précède une phase d'occupation, puis de colonisation, traduisant le besoin, pour une certaine catégorie de Scandinaves, de s'accaparer de nouvelles terres. En effet, la chronologie de l'expansion des colonies varie en fonction de la région de Scandinavie. Certains secteurs ont peu évolué entre l'âge du Fer romain et le XIVe siècle. Toutefois, d'autres se sont largement développés durant la période viking, à l'instar du Vestfold en Norvège ou de l'Uppland en Suède. On note ainsi de grands travaux de défrichements, traduisant un besoin d'accroître l'espace agricole, possible preuve de la pression démographique dans ces régions. Cette tendance est également perceptible dans le reste de l'Europe. Le réchauffement climatique, associé à l'amélioration des pratiques agraires, ayant favorisé l'agriculture, on note un accroissement démographique.

Imposantes fibules, découvertes à Nonnebakken (Danemark),
pour celle en argent [à gauche] et Vester Vedsted (Danemark), pour celle en or [à droite].
Ces objets prestigieux traduisent l'importance des métaux dans la culture matérielle viking.
(photo Lennart Larsen, Nationalmuset, Copenhague.)

La pierre de Karlevi (Suède) commémore la mort de Sibbi le bon, fils de Fuldarr.
Elle fait l'éloge de ses talents de guerrier et utilise l'image de la chasse sauvage d'Odin.
Elle témoigne de l'univers mental des anciens Scandinaves et de l'importance
de la figure du guerrier à cette période. (photo Damien Bouet.)

Les Vikings auraient alors effectué, ce que l'historiographie nomme « des sauts de grenouille », vers les différentes îles à l'ouest, pour se tailler de nouveaux territoires. Durant la première moitié du IXe siècle, les Orcades, au nord de l'Écosse, sont occupées par les Vikings. Ils utilisent d'abord l'archipel comme base opérationnelle, pour mener des raids vers l'Angleterre, avant de s'implanter durablement en Irlande en 840, puis en Islande trente ans plus tard. À l'est, avant même le IXe siècle, les Scandinaves se sont profondément enfoncés dans les terres en suivant les fleuves, jusqu'à fonder progressivement Staraja Ladoga, Novgorod, puis Kiev[15]. Cette poussée précoce vers l'est pourrait être en lien avec la poussée commerciale arabe. Un trésor monétaire, exclusivement composé d'émissions orientales datées des années 749-786, a d'ailleurs été découvert à Staraja Ladoga. Durant la seconde moitié du IXe siècle, le chroniqueur arabe Ibn Khordadbeh, évoque les marchands Rus, venant vendre des peaux de castor et de renards, ainsi que des épées, à Bagdad[16]. Les Scandinaves auraient alors eu une « fièvre de l'argent », que les historiens ont anciennement pris comme l'une des raisons principales du phénomène viking, mais qui n'explique que partiellement l'intensification des raids vers l'ouest et surtout qui n'explique pas la volonté de colonisation intrinsèque à cette période.

Dépôt monétaire dans une céramique, exclusivement composé de monnaies arabes, découvert à Randlev (Danemark), Xe siècle. (photo Damien Bouet, Moesgård Museum, Højbjerg.)

Éléments de fourreau franc en argent et or, découverts à Trabjerg (Danemark), IXe siècle.
(photo John Lee, Nationalmuset, Copenhague.)

Des raisons politiques ?

Longtemps, l'historiographie a estimé que l'affaiblissement du pouvoir central dans les pays « visités » par les Vikings a été un facteur déterminant du phénomène viking. Les Scandinaves, en bons opportunistes, auraient alors profité des guerres intestines de l'empire carolingien pour pénétrer toujours plus loin en Occident. Cette théorie se confronte toutefois à la chronologie, puisque, lors de l'intensification des raids, les Vikings doivent se battre contre des puissances structurées – Offa de Mercie en Angleterre et Charlemagne dans le territoire franc. L'Irlande et l'Écosse ne sont guère plus hospitalières, puisque leur territoire et divisé en un florilège de petites chefferies, défendant âprement leur royaume[17].

Il faudrait davantage chercher dans la politique interne. D'ailleurs, les sources médiévales scandinaves mettent en lien la tentative d'unification de la Norvège sous le règne de Haraldr Hárfagri (vers 850–933) avec l'efflorescence de la diaspora scandinave. Pour certains chercheurs, à l'instar de Bjørn Myhre, l'Empire carolingien a pu avoir une influence dans cette tentative de centralisation du pouvoir en Scandinavie. La pression, exercée par les Francs sur le Danemark, a suscité un besoin de centralisation de la politique de défense. Parallèlement, ils ont fourni le « modèle-type » du pouvoir centralisé à l'élite scandinave, qui a alors cherché à les imiter.

Par ailleurs, le départ en expédition a été un moyen pour les élites d'accroître leur pouvoir et leur prestige. Les raids permettent de renforcer le trésor personnel des chefs. Ils offrent la possibilité à cette aristocratie guerrière de favoriser le clientélisme et ainsi d'accroître leur prestige et leur cercle d'influence. Tous les Vikings ne sont pas célèbres, mais certains sont entrés dans la postérité par leurs actions – à l'ouest comme à l'est. D'ailleurs, dès 840, des membres de familles royales ont participé à ces expéditions, se traduisant par la très forte augmentation des flottes partant en raid.

Pour conclure cette première partie. Il ne faut donc pas chercher une trame d'évènements pour justifier le « phénomène viking ». Cette expansion territoriale est probablement davantage liée à la conjoncture de plusieurs phénomènes sociétaux qui a poussé ces hommes à prendre le large[18]. En effet, les éléments aujourd'hui disponibles montrent que la Scandinavie était très largement en contact avec l'Occident et avec l'Orient. Cependant, les relations étaient alors beaucoup plus calmes et n'ont guère laissé de traces dans les chroniques précédant ce fameux jour de 793.

Nécropole tumulaire de Borre (Norvège). Associée à une place-centrale, il s'agit de la plus grande nécropole de ce type de Norvège. Elle est composée de tertres datés de l'âge du Fer germanique, jusqu'au milieu de la période Viking. Le style spécifique des objets ornés découverts dans ses sépultures est à l'origine du style de Borre. (photo Damien Bouet.)

Le tournant du VIIIe siècle marque une nouvelle étape des transformations sociétales qui touchent la Scandinavie, se traduisant par l'intensification des raids. Les Scandinaves prennent l'habitude de prendre la mer vers l'ouest *at afla sér fjár* « pour s'enrichir ». La violence des expéditions atteint alors son paroxysme. Cependant, malgré le caractère imprévisible de ces attaques, le phénomène viking n'est pas passé du néant au tout – trois grandes phases se distinguent. Durant la première phase, jusqu'au premier tiers du IXe siècle, les raids se sont concentrés sur les établissements monastiques isolés (à l'instar de Lindisfarne) ou sur les côtes avoisinant la Scandinavie. Profitant de l'affaiblissement du pouvoir central, les Vikings ont ensuite entrepris d'attaquer les grands centres, à l'instar de Dorestad, qui est pillée huit fois dans un laps de temps relativement court. Enfin, à partir des années 850, les rois scandinaves entreprennent des raids massifs et font trembler l'Occident[19]. Le phénomène tendra à se calmer avec la christianisation des élites, mais surtout avec la conquête de nouveaux territoires (consentie ou non par les élites locales), à l'instar de la Normandie ou de l'Angleterre, qui permet de fixer la diaspora scandinave.

Malgré toutes les hypothèses susmentionnées pour expliquer le phénomène viking, nous pouvons nous questionner sur les raisons qui ont poussé ces hommes à s'embarquer vers un destin hasardeux. Les sagas parlent des victoires et réussites de grands noms, mais les pierres runiques évoquent beaucoup de « morts à l'ouest » ou de « morts en viking ». Comme l'explique Niels Price, le fatalisme des anciens Scandinaves, illustré par les sagas, est peut-être

une piste. Ainsi la *Völuspá* raconte : « *D'ici vinrent les filles savantes en toutes choses, Trois, venant de la mer, qui s'étend sous l'arbre ; L'une est appelée Urd, Verdandi l'autre – elles gravaient sur le bois – La troisième est Skuld : Elles ont fait les lois, Elles ont fixé les vies aux fils des temps, Elles énoncent le destin.* » (*Völuspá*, 19-20), le destin étant tracé, les Vikings faisaient peut-être preuve d'un pragmatisme à toute épreuve[20]…

Vous avez dit Vikings ?

Alors qu'aujourd'hui, on a trop tendance à réduire au terme de « Viking », tous les anciens scandinaves, le mot est, en fait, peu utilisé durant les premiers siècles de la période dite viking. Les Francs les nomment « Hommes du Nord », « Normands » ou simplement « Danois ». Les Saxons préfèrent « Danois » ou « Païens ». Les Irlandais distinguent les *Finngall* (« étrangers blancs » – Norvégiens), des *Dubgall* (« étrangers noirs » - Danois). Vaste querelle que l'origine de ce mot. D'ailleurs, pour comprendre sa signification, il convient également de comprendre son contexte d'écriture. Les « Vikings » de l'épigraphie runique des Xe et XIe siècles, ne correspondent pas aux « Vikings » des manuscrits du XIVe siècle.

Pour les linguistes, *Vik* renverrait à la notion de « se retirer, quitter ou partir ». La toponymie de la Scandinavie connaît de nombreux exemples en *vik* (terme signifiant une « baie » ou une « crique »). Le Viking pourrait alors être celui qui habite près d'une baie ou qui y embarque. Il pourrait également dériver de *vika*, du verbe norrois *vikja*, qui signifie « céder » lors d'un changement de rameur. Enfin, il peut renvoyer au vieil anglais *wīc* qui désigne un camp militaire et qui correspondrait plus ou moins au latin *vicus*[21], largement présent dans la toponymie saxonne, à l'instar d'Ipswich, Norwich ou encore Hamwich. Le Viking pourrait être alors celui qui visite les *wīc*.

Dans un contexte runique, *vikingr* semble avoir été le mot utilisé pour désigner une personne partie loin en voyage avec un groupe. La tournure des inscriptions laisse supposer qu'il s'agit d'expéditions militaires, menées par un chef de guerre ou un membre de l'aristocratie locale. La pierre de Hablingbo, sur l'île de Gotland (Suède), explique que « *Helge est parti vers l'ouest avec des Vikings* ». La pierre de Härlingstorp (Suède), évoque que « *Toli a été tué à l'ouest en Viking* », renvoyant davantage à la profession du défunt. La pierre de Bro, découverte dans le sud de la Suède, raconte que « *Ginnlaug, fille de Homgeir et sœur de Sygroth et de Gautr, fit construire ce pont et ériger cette pierre à la mémoire d'Assur, son époux, fils du jarl Håkon. Il assurait avec Geitir une protection contre les Vikings.* » Cet exemple épigraphique semble renvoyer au fait que le mot « Viking » peut être synonyme de pillage et de piraterie[22]. D'ailleurs, Adam de Brême, dans sa *Gesta Hammaburgensis ecclesiae pontificum*, rédigée durant la seconde moitié du XIᵉ siècle, signale également que les pirates danois se font appeler Vikings, par les habitants de Seeland (Danemark), et que lui-même les nomme *Ascomanni* (« hommes de frêne »).

Si l'origine du «Viking » fait débat à l'ouest, à l'est, il semble que d'autres termes aient été utilisés. Ceux ayant emprunté les fleuves qui se jettent dans la Baltique pour se rendre en Russie, ont été appelés *Rus'*. Le mot peut être rattaché à la province du Roslagen en Suède. Par ailleurs, les sources manuscrites finnoises nous révèlent que les Suédois sont appelés *Routsi* par les Finlandais, renvoyant à la notion de « ramer ». Progressivement la dénomination change. Les Suédois deviennent les *væringr*, qui donna en russe *varjag*, renvoyant à *vár* « serment, promesse ». Cette appellation nouvelle renvoie probablement au serment de fidélité donné à l'Empereur de Constantinople pour intégrer la garde varangienne, quasi-exclusivement composée de Nord européens.

[1] Bauduin P., 2019, p.208-209.
[2] Yorke B., 1995, p.107-108.
[3] Exécution de 4 500 Saxons à Verden (Basse-Saxe / Allemagne), point d'exergue de trente ans de conflits dans le cadre des guerres saxonnes, visant à christianiser les Saxons.
[4] Sawyer B., 2003, p.55.
[5] Alcuin, p.57-58.
[6] Bauduin P., 2019, p.208-210.
[7] Malabos L. 2012, p.316-318.
[8] Mägi M, 2018, p.233-234.
[9] Gauthier A., 2017, p.106.
[10] Barret J.H., 2008, p.671-685.
[11] Bauduin P., 2019, p.105-136.
[12] Walaker S., Bond N. et Thun T., 2020, p.6.
[13] Gauthier A., 2017, p.106.
[14] Barret J.H., 2008, p.673.
[15] Price N., 2000.
[16] Hoerder D., 2020, p.63.
[17] Barret J.H., 2008, p.678.
[18] Bauduin P., 2019, p.213.
[19] Gauthier A., 2017, p.108.
[20] Price N., 2002, p.53.
[21] Cattaneo G., 2021, p.6.

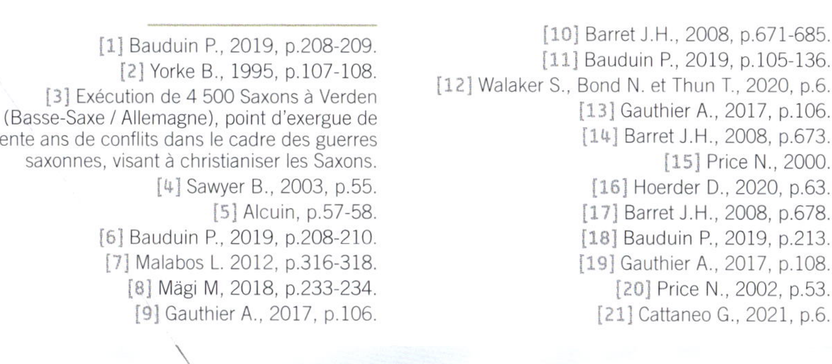

Bateaux à quai dans le port de l'*emporium* de Birka (Suède).
(photo Damien Bouet.)

Pierre historiée de Stora Hammars, sur l'île de Gotland (Suède). La scène représente une femme debout, potentiellement une Valkyrie, entre un navire et une scène de bataille, possible entrainement pour le Ragnarök des Einherjar. (photo Damien Bouet.)

Casque de Gjermundbu (Norvège), fin IXᵉ-début Xᵉ siècle.
(photo Vike Vegard, Kulturhistorisk museum, Oslo.)

À L'ASSAUT
DE L'OCCIDENT

Les attaques vikings sur l'Occident se sont réparties en plusieurs étapes. La surprise des premiers assauts sur les églises et monastères précède à une certaine forme de lassitude et de fatalisme, parfaitement perceptible dans les sources latines.

Après ce fameux raid de 793, les expéditions des Vikings vont progressivement s'intensifier. Alors que les attaques de la fin du VIIIᵉ siècle se concentrent principalement sur les Hébrides, l'Irlande, et l'Angleterre, le tournant du IXᵉ siècle marque l'arrivée des Scandinaves sur les côtes de Gaule. L'Aquitaine est attaquée en 799, premier raid qui annonce une longue série d'attaques. Charlemagne prend d'ailleurs très au sérieux le péril scandinave. Il fait remettre en état les forts le long du littoral de la Manche et ordonne l'armement d'une flotte dès 800. Finalement, le règne de l'Empereur est peu entaché par la problématique viking. Cependant, dans les années qui suivent sa mort en 814, on note une très nette accélération des raids. D'ailleurs, en 819, l'abbé de Saint-Philibert de Noirmoutier, île régulièrement visitée par les Vikings, obtient de Louis le Pieux le droit de construire une nouvelle abbaye. En 820, 13 navires sont refoulés de la Seine. Ils suivent finalement le littoral jusqu'à Bouin (Vendée) et pillent allègrement le secteur. La région sera ensuite pillée quasi annuellement[1].

L'Écosse et l'Irlande subissent davantage les attaques, si bien que les communautés monastiques commencent à acheter de nouvelles terres pour se mettre à l'abri. La très nette accélération des raids vers 820 laisse supposer l'existence d'une première implantation viking dans les Orcades, durant le premier tiers du IXᵉ siècle. De même, en Irlande, la découverte, ces dernières années, de sépultures du début du IXᵉ siècle, laisse supposer une présence pérenne de Scandinaves à Dublin, bien avant l'implantation des années 840 jusqu'alors retenue[2]. De leurs différents camps, les Vikings vont peu à peu explorer les littoraux de Grande-Bretagne et descendre progressivement sur la Gaule.

Crosse épiscopale,
d'origine irlandaise,
découverte à Helgö (Suède),
VIIIᵉ siècle. (photo Mattias Löfqvist,
Historiska Museum, Stockholm.)

Le tournant des années 830

La pression viking s'intensifie brutalement vers 830. L'*Anglo-Saxon Chronicle*, mais également les annales franques, font mention d'attaques d'une rare violence. En 835, les Vikings attaquent pour la première fois le sud de l'Angleterre et mènent un raid sur l'île de Sheppey, dans l'embouchure de la Tamise. En 836, 35 navires débarquent dans le Somerset. Le roi du Wessex, Ecgberht, les attaque à Carhampton, sans pourtant réussir à les repousser à la mer[3]. Le grand *emporium* de Dorestad est pillé chaque année entre 834 et 837[4].

Vers 840, les flottes sont de plus en plus importantes. Une soixantaine de navires attaquent Nantes en 843. La ville est pillée le 24 mai. Durant cette même période, les Vikings s'allient avec l'aristocratie locale en contradiction avec le pouvoir franc. Le chef viking Hasting a alors le soutien de Nominoë de Bretagne et de Lambert II de Nantes[5]. Les Vikings jouent alors finement avec la géopolitique locale pour pénétrer davantage dans le territoire visé. En 845, Ragnar Lodbrok, à la tête de 120 navires, pénètre dans l'estuaire de la Seine. Il s'empare de Rouen et dévaste la vallée de la Seine, jusqu'à arriver aux portes de Paris. L'armée franque, mal préparée, ne parvient pas à contenir les Scandinaves. Les abbayes de Saint-Denis, de Saint-Germain-des-Prés et de Sainte-Geneviève sont pillées. Charles le Chauve est contraint de payer un tribut de 7000 livres d'argent pour faire partir les Vikings. Ragnar reprend les boucles de la Seine et pille les villes côtières du nord de la France, avant de repartir en Scandinavie. La même année, la riche cité de Hambourg fait face à une flotte de 600 bateaux[6]. La décennie 840 est marquée par des raids vikings qui s'enfoncent de plus en plus profond dans les terres, par les voies fluviales, mais aussi toujours plus au sud. En 844, il attaquent Toulouse, l'Espagne, le Portugal, ainsi que les côtes marocaines. Le chroniqueur Al-Zuhri raconte *« Ces navires étaient capables de naviguer en avant comme en arrière et avaient des voiles carrées. Ils étaient manœuvrés par des majūs qui possédaient une force et un courage sans égal pour pratiquer la mer. »*[7]. Partout en Europe, les chroniques s'affolent et racontent les attaques, incessantes, de flottes toujours plus importantes. De fait, l'empire carolingien ne parvient pas à s'organiser pour bloquer les Scandinaves. L'aristocratie préfère payer le *Danegeld* pour épargner son territoire. Cependant, les Vikings, plutôt que repartir en mer, s'enfoncent toujours plus profondément dans les terres.

Monnaie de Louis le Pieux, frappée à Dorestad entre 814 et 840.
(photo Damien Bouet, Sydvestjyske Museer, Ribe.)

Les années 850 sont marquées par l'hivernage de flottes scandinaves en Francie et en Angleterre[8]. Les Vikings changent alors de stratégie et ne retournent plus en Scandinavie en automne. En 856, Sigtryggr et Björn prennent possession de l'île d'*Oscellus* (probablement Oissel, en amont de Rouen). De là, ils projettent leurs raids, en amont ou en aval de leur repaire. Malgré la réaction virulente de Charles le Chauve, les Francs ne parviennent pas à chasser les Vikings. D'autant plus qu'une nouvelle fois, le spectre de la guerre civile plane sur le royaume[9]. De fait, en 861, le roi préfère payer Völund, un chef danois, pour libérer l'île. Ce dernier assiège *Oscellus* et rançonne les occupants avant de les laisser partir[10].

Tandis que la première phase du phénomène viking se traduit par une augmentation croissante des raids et de la violence induite par ses expéditions, à la fin du IXe siècle, on s'aperçoit que les chefs scandinaves cherchent davantage à négocier avec les élites locales et tentent de s'implanter durablement.

[Page ci-contre] :
Épée à pommeau en bronze et argent, découverte à Oslo (Norvège), IXe siècle. (photo Kristen Helgeland, Kulturhistorisk museum, Oslo.)

Bouclier découvert dans le bateau-tombe de Gokstad (Norvège), IXe siècle. (photo Erik Irgen Johanssen, Kulturhistorisk museum, Oslo.)

Verre découvert à Björkö (Suède). D'une très grande rareté, ce type de verre est de réalisation franque. Un autre exemplaire a été découvert dans le palais de Charlemagne à Paderborn (Allemagne). (photo Damien Bouet, Historiska Museum, Stockholm.)

Lance avec décor damasquiné en argent, découverte à Gothem (Suède), IXe siècle. (photo Gabriel Hildebrand, Historiska Museum, Stockholm)

Plaque en os de baleine, découverte dans la tombe à bateau de Scar (Orcades), fin IXe-début Xe siècle.
Elle traduit l'arrivée de colons dans cette région et leur installation dans les Orcades.
(photo Damien Bouet, Orkney Museum, Kirkwall.)

La colonisation des îles britanniques

Ce nouveau phénomène est d'abord perceptible dans les îles Britanniques. L'Irlande, très fortement impactée par la première
phase de raids, voit apparaître dès 853 un royaume hiberno-
scandinave, ancré à Dubin, mais rayonnant sur toute l'île[11].

En Angleterre, les Scandinaves bénéficient du climat de crise
entre les Merciens et le Wessex pour s'enfoncer dans les royaumes
saxons. À partir de 865, la *Mycel heathen here* (« La Grande
Armée païenne » en vieil anglais), débarque en Angleterre. Il s'a-
git probablement de la même bande qui avait déjà assiégé Paris
en 845. Elle prend York en 866 et créée le royaume éponyme. Si
bien qu'à la fin du IXe siècle, l'Angleterre est partagée en deux.
Au nord et à l'est, le Danelaw, l'enclave scandinave de Bretagne
Insulaire, née des invasions vikings du siècle précédant. Au sud
et à l'ouest, le royaume anglo-saxon, qui résiste aux incursions

danoises[12]. Cependant, entre la dernière décennie du IXe siècle et la première moitié du Xe siècle, le *Danelaw* se réduit considérablement. En effet, l'aristocratie saxonne cherche à reprendre ses territoires et mène une politique guerrière contre les Vikings et les colons scandinaves. Ælfred le Grand, roi du Wessex, parvient d'ailleurs à reconquérir une grande partie de la Northumbrie et de la Mercie. Il mène alors une politique guerrière en Angleterre pour réussir à stopper les Scandinaves. Si bien qu'en 897, les Scandinaves sont retranchés sur l'East-Anglie, le nord-est de la Mercie et le sud-est de la Northumbrie. Un statu quo semble alors régner ; la maison de Wessex règne sur le sud, tandis que les Vikings de York règnent sur le nord.

Tandis que les petits archipels sont très tôt occupés par les Vikings, vers 900, une principauté viking des Orcades émerge. Les nouveaux arrivants y trouvent de bonnes terres arables et des ressources halieutiques importantes. De là, les colons scandinaves ont essaimé vers les Hébrides, permettant de créer un pivot entre les routes commerciales de la Norvège et celles de la principauté de Dublin. À la même période, une colonie scandinave semble s'implanter sur l'île de Man, entre l'Irlande et l'Angleterre[13].

Implantation en Francie

La création du *Danelaw* en Angleterre permet aux Vikings, présents en nombre dans les îles britanniques, de mener aisément des raids sur le continent. Face à cette situation, en 882, Charles le Gros concède un territoire en Frise au chef Godfrid, en échange du baptême et de l'arrêt des raids. L'expérience tourne court. Jugé trop présent dans la politique carolingienne et trop gourmand par les Frisons et Saxons, il est finalement assassiné en 885 après avoir réclamé la concession de Coblence, d'Andernach et de Sinsich, sous prétexte que ces localités produisent du vin, tandis qu'on ne peut pas cultiver la vigne dans les contrées qu'il habite. Malgré la courte durée de son règne, elle marque une première étape aux concessions territoriales des rois carolingiens face aux Vikings[14]. Charles le Chauve, déchu par les grands du royaume, meurt en 888, accélérant la décomposition de l'Empire. Des princes territoriaux, de lignée carolingienne ou non, s'approprient les anciennes possessions impériales. Le comte Eudes, victorieux lors du siège de Paris, devient roi de Francie occidentale. Il est cependant, lui aussi, contraint d'acheter le départ des Normands.

L'imposante abbaye de Jumièges (Normandie), détruite par les Vikings, sera reconstruite sous le règne de Guillaume le Conquérant. (photo Frédéric Bisson.)

Au début du Xᵉ siècle, les Vikings ont probablement déjà commencé à s'implanter dans l'estuaire de la Seine. Une certaine forme de statu quo semble exister, puisque, pendant plus de 10 ans, les boucles de la Seine vont être épargnées. Durant l'été 911, Rollon attaque la Neustrie, il entreprend d'attaquer Paris, mais échoue. Il tente alors d'assiéger Chartres, mais est défait le 20 juillet 911. Cette victoire pousse Charles le Simple à négocier avec Rollon la sédentarisation des Vikings à Rouen. En effet, malgré cette victoire franque, le roi sait parfaitement que cette nouvelle attaque sur la Seine présage une nouvelle phase de raids. Il décide donc, avec l'accord du comte de Neustrie, de concéder à Rollon un territoire entre Saint-Clair-sur-Epte et la mer. En échange, le chef viking doit se faire baptiser et, surtout, empêcher ses compatriotes de remonter la Seine vers Paris. Le traité est signé à Saint-Clair-sur-Epte en 911. Point de départ du duché de Normandie, une fondation politique durable[15]. D'ailleurs, très rapidement, les archevêques successifs de Rouen poussent les princes normands à élargir leurs conquêtes. Rollon poursuit vers l'ouest et parvient à conquérir le Bessin, le pays d'Auge et l'Hiémois en 924. À partir de 931, son fils, Guillaume Iᵉʳ Longue Épée, chasse

Épée découverte dans la Loire dans le secteur de Nantes (Loire-Atlantique). Le pommeau et la garde sont ornés d'un treillis en argent damasquiné. Fin du Xᵉ siècle.
(photo Damien Bouet, Musée Dobrée, Nantes.)

Vue aérienne du camp de Saint-Suliac (Bretagne). La tradition locale fait de cette place un port fortifié viking de la première moitié du Xᵉ siècle (photo *Creative Commons.*)

les Bretons installés dans l'Avranchin et le Cotentin depuis 867. Les Normands s'approprient alors l'actuel département de la Manche, mais également les îles, aujourd'hui appelées « anglo-normandes ». En 933, la Normandie a quasiment atteint son expansion maximale. Cependant, à partir de 934, des révoltes internes éclatent entre le Jarl des Normands et des Normands, provenant, d'après Guillaume de Jumièges, de « l'intérieur de la Normandie ». Ces derniers reprochaient à Guillaume Iᵉʳ d'être trop proche du pouvoir franc et de se détacher de ses origines scandinaves[16]. Il avait en effet épousé la fille du comte de Vermandois et soutenu Louis d'Outremer pour le rétablir sur le trône du royaume franc. Il arrive cependant à écraser la révolte et continuer à étendre son pouvoir. Il participe aux batailles contre les Flamands et finit par dominer sur le plan maritime la Manche, pour bloquer le comte de Flandre. Cette situation débouche d'ailleurs sur son assassinat en 942, par Arnoul Iᵉʳ de Flandre et par le roi des Francs, inquiet de la puissance de son vassal normand[17]…

La Bretagne connaît, de façon éphémère, un destin similaire à celui de la Normandie. D'ailleurs, la présence sur l'île de Groix d'un bateau-tombe scandinave du Xe siècle, prouve que la présence viking a été suffisamment prégnante pour que les Scandinaves importent leurs coutumes funéraires[18]. Comme pour le reste de l'Europe occidentale, c'est durant les décennies 830-840 que la pression scandinave s'est faite la plus forte. La prise de Nantes, en 843, marque le début de près d'un siècle de conflits entre Bretons et Vikings. Alain le Grand, couronné en 890, parvient à tenir les Vikings en respect. Ces derniers, bien installés dans le Coutançais, après avoir brûlé le *castrum* de Saint-Lô, ne sont qu'à deux pas de la Bretagne. Sa mort, en 907, provoque la dislocation du royaume de Bretagne, que les Scandinaves vont mettre à profit pour reprendre leurs raids en Armorique. Ils prennent et incendient le monastère de Landévennec en 913, pourtant fortifié et incorporé dans le système de défense du littoral breton[19]. En 919, Flodoard raconte que toute la Bretagne est ruinée et que les Bretons sont réduits en esclavage ou chassés. Après cette attaque massive, Rögnvaldr, s'installe à Nantes. La résistance bretonne s'effondre. L'élite laïque et ecclésiastique préfère fuir vers la Francie voisine ou en Angleterre. En 921, après un siège infructueux de cinq mois à Nantes, Robert marquis de Neustrie concède le territoire breton à Rögnvaldr, en échange de la remise d'otage et, peut-être, de la conversion du chef viking. Les Francs reconnaissent alors la principauté viking de Nantes, comme ils l'avaient fait en Normandie dix ans plus tôt[20]. Il faut attendre le retour d'Alain Barbetorte en 936 pour que la situation évolue. Largement épaulé par les souverains francs et saxons, ainsi que par Guillaume Longue-épée, il chasse les Vikings installés sur la côte nord de la Bretagne, avant de reprendre Nantes l'année suivante. Finalement, le 1er août 939, les Vikings retranchés dans le camp de Trans, vers Dol, sont écrasés par une coalition britto-angevine. Le Royaume des Vikings de Bretagne disparaît moins de vingt ans après sa création[21]…

Anneau en or découvert dans la tombe à bateau de Groix (Bretagne). (photo Damien Bouet, Musée d'Archéologie Nationale, Saint-Germain-en-Laye.)

Représentation du *Witenagemot* dans le *Old English Hexateuch*, XIᵉ siècle.
(photo British Library, Cotton MS Claudius B IV, f.59r.)

Le tournant de l'an mil

Après une période relative d'accalmie, une seconde vague de raids touche l'Occident. Bien moins virulente que la première, elle concerne mollement la France et l'Espagne. L'Angleterre est cependant gravement frappée.

La fin du Xe siècle est marquée par la perte de puissance des Vikings de York et la réduction du *Danelaw*. Souhaitant se débarrasser des Scandinaves, le 13 novembre 1002, Æthelred le Malavisé ordonne de massacrer tous les Danois établis en Angleterre. En réponse au massacre, le roi du Danemark, Svend Tveskæg, lance une série de raids sur l'Angleterre entre 1003 et 1013. En 1013, il embarque pour conquérir le Royaume avec une très importante flotte. Il prend Londres, Æthelred est contraint de fuir chez son beau-père le duc Richard II de Normandie. Cependant, Svend meurt après seulement cinq semaines de règne. Son fils, Knut, est proclamé souverain par la flotte danoise. Le *Witenagemot* (L'assemblée des « grands » du royaume) souhaite rétablir Æthelred à la tête du royaume. En avril 1014, face à l'opposition de l'aristocratie saxonne, Knut repart au Danemark[22].

Dane Axe découverte dans la Tamise, en aval de Londres, XIe siècle. Ce type de hache, réservé à l'élite guerrière, a aussi bien été utilisé par les Vikings que par les Anglo-saxons après leur arrivée sur le territoire.
(photo Damien Bouet, British Museum, Londres.)

Monnaie de Hardeknut (1018-1042), frappée à Londres (Angleterre).
(photo Damien Bouet, Kulturhistorisk Museum, Oslo.)

Vue de face
du casque de Yarm (Angleterre).
(photo Jeff Veitch.)

Toutefois, Æthelred meurt le 23 avril 1016 et son fils, Edmond Côte-de-Fer, lui succède. De vives tensions réapparaissent à travers le royaume entre les partisans d'Edmond et de Knut. En octobre 1016 à Assandun, les Danois infligent une lourde défaite aux Saxons. Les deux souverains se partagent alors l'Angleterre, Edmond garde le Wessex et Knut gouverne le reste du royaume. Cependant, le 30 novembre 1016, Edmond meurt mystérieusement à Londres. Bien que Knut ne soit vraisemblablement pas impliqué dans cette mort, elle lui permet de devenir le souverain de l'ensemble du royaume. Le 6 janvier 1017, le *Witenagemot* concède à le proclamer roi. Afin de renforcer sa position de souverain, il épouse la veuve d'Æthelred, Emma de Normandie, fille du duc de Normandie Richard Sans-Peur. Par cette union, il consolide les liens politiques et commerciaux entre la Normandie et l'Angleterre. En outre, afin de limiter les risques de scissions du royaume, il divise l'Angleterre à la manière danoise et gouverne exclusivement le Wessex. Il nomme *Ealdorman* (comte), Thorkell le Grand, pour gouverner l'Est-Anglie, laisse Eadric Streona gérer la Mercie et le Jarl norvégien Eiríkr Hákonarson, gouverner la Northumberie[23].

Il crée alors le système de souveraineté territoriale, encore aujourd'hui d'actualité. Il en profite également pour anéantir les équipages vikings s'aventurant sur les côtes anglaises. Il contraint les Écossais à reconnaître l'hégémonie anglaise. Fin politicien, il s'inscrit dans la continuité des pouvoirs saxons, en promulguant des lois conçues selon la tradition anglaise, mais nomme à la tête des postes clé du royaume des seigneurs scandinaves. Il transpose également le modèle scandinave des *húskarl* (garde personnelle des seigneurs et rois scandinave) en Angleterre et s'entoure d'une imposante garde, formant l'élite de son armée[24]. ▮

[1] Bauduin P., 2019, p.77-79.
[2] Downham C, 2010, p.93-125.
[3] Yorke B., 1997, p.151.
[4] Boyer R., 2003, p.112.
[5] Dillage M., 1995, p.55.
[6] Goldberg E.J., 2006, p.134.
[7] Tydgadt A., 2019, p.3-4.
[8] Bauduin P., 2019, p.83.
[9] Coupland S., 2003, p.103-104.
[10] Haywood J., 1995, p.60-61.
[11] Downham C., 2015, p.369-375.
[12] Bouet D., 2016.
[13] Graham-Campbell J. 2005, p.95-96.
[14] Bauduin P., 2019, p.87.
[15] Le Maho J., 2016, p.29-51.
[16] Musset L., 1970, p.109.
[17] Bouet D., 2016, p.34-35.
[18] Bouet D., 2017, p.85.
[19] Kernalegenn T., 2013, p.14-16.
[20] Bauduin P., 2019, p.88-89.
[21] Bouet D., 2017, p.54.
[22] Howard I., 2012, p.306-308.
[23] Forte A., Oram R.D. et Pedersen F., 2005, p.198.
[24] Lawson M. K., 2004, p.51-52.

Site de Vestmannaeyjar (Islande), archipel dans lequel des esclaves irlandais se seraient cachés après avoir tué Hjörleifur Hróðmarsson. (photo Joxean Koret.)

Le *Lofotr* dans le Innerpollen
aux Lofoten (Norvège).
(photo Lofotr Viking Museum.)

VESTRVEGR : LA SAGA ATLANTIQUE

La conquête de l'Atlantique Nord et de ses territoires a été essentiellement réalisée par les Norvégiens. La notion de *vestr um haf* (« à l'ouest de la mer ») revient régulièrement dans les sources manuscrites pour désigner l'ensemble des territoires colonisés à l'ouest de la Norvège (Féroé, les archipels écossais, l'Islande, le Grœnland et le Vinland). Si le processus d'installation des diasporas scandinaves en Europe occidentale et sur les îles britanniques est bien connu, le choix de la migration vers l'Islande ou le Grœnland est plus complexe. De fait, il y a une dichotomie assez brutale entre les Vikings ayant fait le choix de mener des raids sur l'Europe, amassant richesse et prestige, et les colons scandinaves des Orcades ou d'Islande, régions dans lesquelles les Scandinaves ne pouvaient guère amasser de richesses. La qualité des terres arables des îles de l'Atlantique est équivalente à celle de Norvège, n'expliquant donc pas la migration vers ces contrées[1].

Eiríksstaðir, résidence d'Erik le Rouge dans la vallée de Haukadalur. (photo Grégory Cattanéo.)

La colonisation de l'Islande

À en croire la *Landnámabók*, la colonisation de l'Islande a débuté durant le troisième quart du IXᵉ siècle. Vers 861, Garðarr Svavarsson aurait dérivé vers l'Islande, tandis qu'il cherchait à se rendre dans les Hébrides. Il aurait alors fait le tour de l'île, avant d'accoster à Skjálfandi, au nord, pour passer l'hiver. De retour en Norvège, il promeut la richesse de *Garðarshólmur* (« l'île de Garðarr »). En 2011, la découverte d'une cabane à Hafnir, au sud-ouest de l'île, laisse supposer une implantation plus ancienne, à la fin du VIIIᵉ siècle. Il s'agirait probablement de populations venues profiter de la faune abondante et chasser le morse dont l'ivoire est prisé en Europe[2].

Statuette traditionnellement reconnue comme étant Thor, découverte à Eyrarland (Islande). Les recherches actuelles laissent supposer qu'il pourrait s'agir d'une divinité du vent, commune aux peuples des steppes, présente dans les cultures circumarctiques de la Sibérie au pays des Sames. (photo Grégory Cattanéo, Þjóðminjasafn Íslands, Reykjavík.)

Pendentif découvert en Islande, reprenant la stylistique générale
des bijoux du Gotland ou d'Uppland.
(photo Damien Bouet, Historiska Museum, Stockholm.)

Vers 870, Flóki Vilgerðarson fait route vers l'Islande. Selon la saga, il aurait lâché trois corbeaux durant le voyage. Le premier serait retourné aux Féroé, le second serait revenu se poser sur le bateau, tandis que le troisième aurait guidé l'équipage vers l'île. Il se serait alors implanté à Vatnsfjörður. Au printemps, Flóki gravit une montagne. Voyant un fjord recouvert de glace, il donne à l'île le nom d'*Ísland* (« pays de glace »). Il passa un second hiver en Islande, avant de retourner en Norvège, où il raconte que l'île n'a rien d'intéressant. Contraints à s'exiler, Leifr et Ingólfr, décident de rallier l'île décrite par Flóki. Après une première expédition pour repérer l'île, ils retournent en Scandinavie pour préparer leur installation. Après avoir cherché à suivre les *öndvegissúlur* (« les piliers du haut siège »), qu'il avait lancés à la mer pour que le destin choisisse le lieu de son implantation, Ingólfr s'installe finalement à *Ingólfshöfði* (« la résidence d'Ingólfr »). Hjörleifr accosta lui à *Hjörleifshöfði* (« la résidence de Hjörleifr »). Les esclaves d'Ingólfr retrouvent finalement les piliers. Ce dernier s'établit donc à l'emplacement de la future *Reykjavik* (« baie des fumées »), actuelle capitale de l'Islande[3]. Les premiers colons scandinaves viennent s'installer sur cette terre de glace, chassant par la même occasion les quelques moines installés sur cette thébaïde septentrionale[4].

Évocation de village viking à Hofn (Islande).
(photo Arttmiss.)

Broche tortue découverte à Frosta (Islande).
(photo Ole Bjørn Pedersen, Vitenskapsmuseet, Trondheim.)

Lorsque la première phase de colonisation prend fin en 930, l'Islande comprend déjà 60 000 habitants permanents[5]. Cette poussée vers l'ouest est difficile à expliquer. Pour certains, la colonisation aurait été accélérée par la soumission de la Norvège en 874[6]. Comme le suggère la *Landnámabók*, il est également possible que des agriculteurs aient quitté leurs terres pour revendiquer des territoires plus grands en Islande[7]. Les exploitations auraient alors progressivement essaimé, au fil des générations. L'archéologie n'a, pour l'instant, pas réussi à vérifier cette hypothèse[8]. La *Saga d'Egill* explique que les colonies sont dirigées par des chefs, revendiquant de vastes étendues. Ces derniers auraient alors partagé les terres en deux. D'un côté leur domaine personnel et de l'autre des fermes satellites, gérées par leur suite ou des affranchis. Ces fermes satellites pouvaient alors devenir des fermes principales et essaimer de la même manière. Cette hypothèse semble confirmée dans certaines régions d'Islande, dans lesquelles l'expansion a été rapide[9]. Enfin, il est possible que les armateurs aient favorisé la colonisation, en poussant les Norvégiens à se rendre dans les colonies de l'Atlantique, plutôt qu'en raid. Un moyen, pour les propriétaires de bateaux, d'engranger des profits à moindres risques[10]. Une vision très mercantile de la colonisation de l'Islande, mais qui pourrait peut-être expliquer sa rapidité...

Bâtiment reconstitué en tourbe et bois,
fondé sur les découvertes de Qassiarsuk (Groenland),
liées à l'occupation viking du site. (photo Grégory Cattaneo.)

Le Grœnland

Vers 932, un certain Gunnbjörn Ulfsson fut drossé par la tempête et longea la côte est du Grœnland. Il n'accosta pas, mais consigna la position approximative du nouveau territoire. En 978, Snaebjörn Galti, part en expédition pour coloniser les îles décrites par Gunnbjörn. L'initiative tourne au désastre et il est tué la même année lors d'une querelle avec d'autres colons.

Quatre ans plus tard, Erik le Rouge est banni d'Islande pour trois ans. Il prend le large vers l'ouest et s'installe dans le sud du Grœnland (très probablement dans la région de Qaqortoq). Après trois années passées à explorer le littoral, il revient en Islande pour préparer la colonisation des territoires. Il repart, accompagné de quatorze *knörr* chargés de bétail, pour s'installer dans le fjord de Narsaq. Il fonde le domaine de *Brattahlíð* (« raide pente »), qui va persister jusqu'au XVe siècle, et développe l'agriculture. Les colons scandinaves vont progressivement s'établir le long des fjords du

Statuettes inuites représentant des colons scandinaves encapuchonnés. (photo John Lee, Nationalmuseet, Copenhague.)

Fragment d'ardoise avec inscription runique indiquant : *« Erling Sigvadssøn et Bjarne Tordssøn et Enred Odssøn, avant le jour de la victoire, ont érigé ces pierres et ont exploré… ».* Kingittorsuaq (Grœnland), XIᵉ siècle. (photo Arnold Mikkelsen, Nationalmuseet, Copenhague.)

Grœnland. Les plus grosses fermes élèvent des bovins, tandis que les plus petites mêlent l'élevage de moutons et la chasse[11]. D'ailleurs, les Grœnlandais exportent massivement des défenses de morse ou de narval et des peaux de phoque. Des objets en fer, d'origine scandinave, ont été découverts dans les territoires inuits du nord, preuve des relations entre les deux ethnies. Le christianisme s'y développe rapidement, l'établissement étant contemporain à la christianisation de l'Islande. Aucune tombe, dite « païenne », n'a été découverte au Grœnland. Le christianisme semble avoir été pratiqué dès l'implantation des premiers colons[12]. Environ 620 fermes ont été construites par les Scandinaves et environ 26000 colons ont peuplé le Grœnland, jusqu'à sa désertification dans le courant des XIVᵉ et XVᵉ siècles[13].

À l'instar de l'Islande, différentes pistes peuvent expliquer la colonisation du Groenland par les Scandinaves. Dès 930, les *goðorð* (chefferies) sont établies en Islande et il n'y a plus de terres à revendiquer. De fait, les nouveaux arrivants en Islande peinent à trouver leur place. Ils sont rejetés du système du « *góði* au *bóndi* » (du chef au paysan), qui semble légiférer l'attribution des terres à cette période. Il n'y a plus d'espace pour les lignées ambitieuses, à l'instar de celle d'Erik le Rouge, qui cherchent à se tailler un territoire et accroître leur prestige. À la fin du Xᵉ siècle, le Grœnland devient une terre de repli pour les colons. Dans un premier temps, ces derniers ont probablement cherché à accroître leur richesse par l'intermédiaire de la chasse. L'agriculture va se développer après cette première phase brève, qui va permettre d'explorer le Grœnland et de localiser les ressources disponibles[14].

Le Vinland

La migration vers le *Vinland*, dans l'actuelle région de Terre-Neuve (Canada), marque la dernière étape de la percée scandinave vers l'ouest, aux alentours de l'an mil[15]. Les sagas dépeignent la soif d'aventure qui aurait poussé les Scandinaves à naviguer une nouvelle fois à *vestr um haf*. Il est également possible que le peu de ressource en bois au Grœnland ait poussé les Vikings à chercher de nouvelles zones d'approvisionnement[16].

L'installation scandinave en Amérique est principalement connue par les *Íslendingasögur*, intégrant la *Saga des Grœnlandais* et la *Saga d'Erik le Rouge*. La première explique que des terres inconnues, au sud-ouest du Grœnland, ont été découvertes par le Norvégien Bjarni Herjólfsson. Souhaitant aller rencontrer son père au Grœnland, il aurait longé les côtes du Labrador, sans accoster, avant d'arriver à bon port. Leif Eriksson, le fils d'Erik le Rouge, aurait alors racheté le bateau de Bjarni, engagé un équipage de 35 hommes et aurait embarqué pour aller explorer ces nouvelles terres. Il découvre en premier *Helluland* (« terre aux pierres plates »), qui pourrait correspondre à la baie de Baffin, puis rencontre le *Markland*(« terre des arbres »), qui semble correspondre au Labrador. Il arrive enfin au *Vinland* (« terre des vignes ») à Terre-Neuve, où il installe son campement - *Leifsbuðir*. Dans la *Saga d'Erik le Rouge*, Leif a un rôle secondaire, la gloire de l'exploration reviendrait à Thorfinn Karlsefni. Toutefois, cette source a vocation à légitimer le lignage de l'évêque Björn Gilsson, l'un

Reconstitution du site de l'Anse aux Meadows (Canada),
possible site d'installation de Leif Erikson. (photo Andra Gordon.)

des descendants de Thorfinn[17]. Cependant, bien que la première exploration de l'Amérique soit l'oeuvre de Leif, l'historiographie accorde à Thorfinn un rôle important dans le processus de colonisation. Il aurait débarqué à Terre-Neuve avec trois bateaux et cent soixante Groenlandais. La saga explique que les premiers colons parviennent à établir un contact amical avec les *skrælingar* (terme désignant les populations amérindiennes de ce secteur), jusqu'à ce que plusieurs d'entre eux soient tués, déclenchant un conflit entre les Européens et les autochtones. Thorfinn aurait alors décidé de partir. Il fonde *Straumfjord* sur l'île de Cap Breton[18], en Nouvelle-Écosse, ou sur le site de Point Rose, découvert en 2016 sur l'île de Terre-Neuve[19]. La saga raconte également que sa femme, Gudrid Þorbjarnardóttir, lui a donné un fils prénommé Snorri, le premier Européen né sur le continent américain.

Seules ces deux sagas mentionnent la découverte de l'Amérique par les Vikings. Cependant, les sources ultérieures mentionnent des voyages vers le Vinland, sans explication particulière, laissant supposer que la localisation est suffisamment explicite pour ne pas nécessiter d'autres précisions[20]. Au regard de la qualité des sols dans ces nouvelles régions, nous pouvons supposer que les colons scandinaves ont largement exploré les terres avoisinantes. Cependant, l'archéologie n'a pas permis de quantifier l'importance de la diaspora viking en Amérique du Nord. La découverte d'un penny norvégien, frappé sous le règne d'Olaf Kyrre (1067-1093), dans la baie de Penobscot (USA), laisse supposer une descente vers le sud. Il a cependant été découvert sur un important

Statue de Leif Erikson à Reykjavík.
(photo Rob Go.)

site amérindien et pourrait être l'illustration des échanges entre les Scandinaves et les populations autochtones[21].

La diaspora scandinave s'est progressivement éteinte en Amérique du Nord. Le site de l'Anse au Meadows n'aurait fonctionné que quelques années[22]. Cependant, les Scandinaves semblent s'être profondément enfoncés dans les terres, comme peuvent en témoigner les pierres à feu islandaises, découvertes dans la région des Grands Lacs[23]. Actuellement, rien ne permet d'expliquer le départ des Scandinaves. Les études archéologiques ont écarté la malnutrition, les massacres ou une épidémie. Les colons ne semblent pas avoir fusionné avec les groupes amérindiens. Il est probable que la colonie ait disparu du fait de son isolement[24]. Cependant, Terre-Neuve n'est pas oubliée, puisque vers 1472, Alphonse V de Portugal et Christian Ier de Danemark organisent une expédition pour reconnaître « les anciennes routes du Vinland ». Il faudra attendre 1506 pour que des Normands, cette fois de Dieppe et de Honfleur, y établissent une station de pêche... ▮

Avers du « Penny du Maine » unique exemple d'objet
scandinave avéré aux États-Unis.
(photo Kolbjorn Skarre.)

[1] Vésteinsson O., 2013, p.4.
[2] Jónsson J.O., 2014, p.46-47.
[3] Boyer R. (trad.), 2000.
[4] Kristinsson A., 2005, *http://why.is/svar.php?id=4802*.
[5] Durand F., 1996, p.110.
[6] Magnusson T., Arge V.S. et Arneborg J., 1992, p.52.
[7] Llrusson F., 1944, p.24-32.
[8] Vésteinsson O., 2010, p.501.
[9] *Op. Cit.*
[10] Vésteinsson O., 2013, p.5.
[11] Magnusson T., Arge V.S. et Arneborg J., 1994, p.60.
[12] McCullough J.A., 2018, p.175-176.
[13] Lynnerup, N., 2000, p.291-292.
[14] Dugmore A. J., Keller C. et McGovern T.H., 2007, p.16-17.
[15] Wallace B., 2005, p.22.
[16] Winroth, 2014, p.68.
[17] Wallace B., 2003, p.209.
[18] Schledermann P., 2000, p.191.
[19] Strauss M., 2016.
[20] Wallace B., 2005, p.25.
[21] Cox S.L., 2000, p.206.
[22] Wallace B., 2005, p.22.
[23] Smith K.P., 2000, p.217.

Le *Saga Oseberg*, sous voile, dans le Sandefjord (Norvège).
(photo Nina Killie Øydvin, Oseberg Viking Heritage.)

LES BATEAUX VIKINGS

Véritables « outils » de l'expansion viking, les navires, nous l'avons évoqué, sont l'une des clefs du phénomène viking.

La typologie

Alors que le « drakkar » est un barbarisme, aujourd'hui intégré par l'inconscient collectif pour désigner les navires vikings[1], la typologie des navires vikings s'affine au fil des découvertes archéologiques. Spectaculairement redécouvert lors des fouilles d'Oseberg, Gokstad et Tune, il a fallu attendre les années 1970 et les fouilles de Roskilde, pour véritablement mettre un visage sur les types de navires évoqués dans les sagas[2].

Ainsi, dans la *Saga des Orcadiens*, on apprend que le jarl Rögnvaldr décide de partir en expédition avec six *storskip* ou *langskip* (long bateau), cinq *skutur* (cotres) et trois *byrdingar* (bateau de charge). Dans la *Saga d'Egill*, ledit protagoniste était poursuivi par le roi des Norvégiens, Eirikr à la hache sanglante, il sauta à bord d'un *skuta* (cotre) depuis un *kaupskip* (navire marchand). Ces quelques noms esquissent la typologie. Il faut cependant différencier les bateaux destinés à la guerre, *herskipar*[3] (aussi mentionnés sous le nom de *langskip* du fait de son apparence). De l'autre, les navires marchands, dits *kaupskip*[4]. De ces deux grandes catégories découlent un certain nombre de sous-catégories, en fonction de l'usage et de la taille du navire. On re-

Plaquette gravée en pin. La scène représente quarante-huit étraves de bateaux. On retrouve sur certaines des figures de proue à tête de dragon, tandis que d'autres sont surmontées de girouette ou d'étendard. L'inscription runique au verso indique : *« Voici les braves en mer ».* (photo Hannah Young, Universitetsmuseet, Bergen.)

Vue des différentes épaves découvertes dans le fjord de Roskilde (Danemark). Au premier plan, le *Skuldelev I*, de type *knörr*.
(photo Damien Bouet, Vikingeskibsmuseet, Roskilde.)

trouve ainsi toute une classification des bateaux de guerre en fonction du nombre de bancs de nage : *tvitugsessa* (vingt-bancs), *tritugsessa* (trente-bancs) ou plus largement de leurs dimensions. Ainsi, le *Roskilde VI* (trente-sept bancs), le *Hedeby I* (trente-bancs) et le *Skuldelev II* (vingt-neuf bancs) correspondent à la catégorie des *skeid*[5], les navires de guerre de plus de vingt-cinq bancs. Le bateau de Ladby (quinze-bancs) et le *Skuldelev V* (treize-bancs), correspondent aux *snekkjur*[6], les navires de guerre de plus ou moins quinze-bancs[7].

Les bateaux de commerce, beaucoup plus ventrus et trapus, destinés au transport de lourdes charges. Le *Hedeby III* (60 tonnes d'emports), le *Skuldelev I* (24 tonnes), le *Askekärr I* (20 tonnes), le *Klastad* (13 tonnes) et le *Roskilde III* (11 tonnes), correspondent aux navires de type *knörr*[8]. Ils sont dotés de hauts bords et sont adaptés à la navigation hauturière. Le *Skuldelev III* (6 tonnes), correspond au navire de type *byrdingr*. Ce sont de petits bateaux de charges, destinés à la navigation côtière et au cabotage. Ils effectuaient très certainement les liaisons entre les fjords et permettaient le commerce à courtes distances. Enfin, le *Skuldelev VI* (5 tonnes) pourrait être une *skuta* ou une grande *fiskerbatr*, en soit, un caboteur à tout faire ou une chaloupe de pêche[9]. Cette différenciation des usages (guerre / commerce) n'est toutefois pas si formelle puisque plusieurs sagas font mention de *knörr* maquillé en bateau de guerre, afin d'augmenter l'emport d'une flotte ou simplement de combler un manque. Une pointe de flèche a d'ailleurs été découverte sur l'une des virures du *Skuldelev I*, indiquant ainsi une utilisation potentiellement militaire de ce bateau[10].

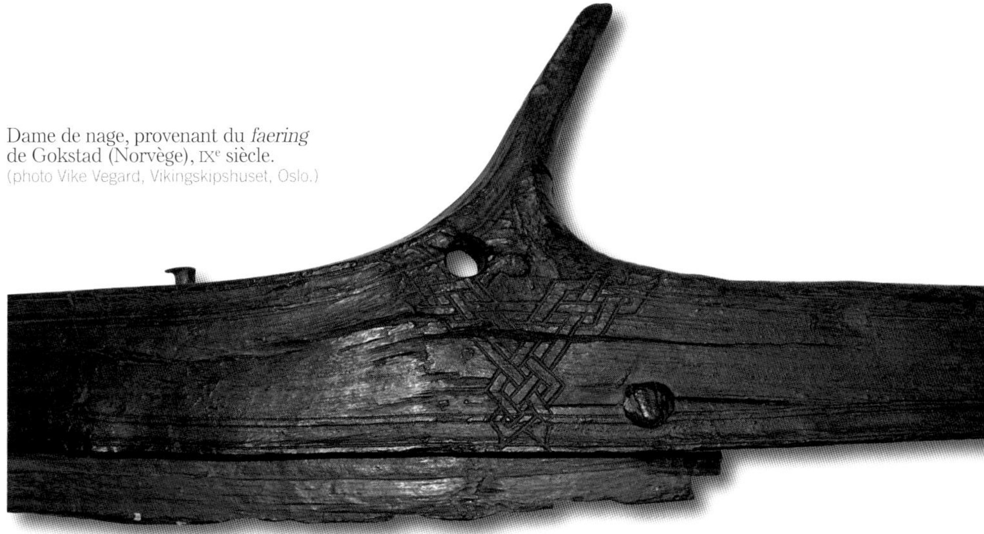

Dame de nage, provenant du *faering* de Gokstad (Norvège), IXᵉ siècle.
(photo Vike Vegard, Vikingskipshuset, Oslo.)

Girouette de bateau en style de Ringerike,
début du XIe siècle, découverte dans l'église de Heggen (Norvège).
(photo Pia Edqvist, Kulturhistorisk museum, Oslo.)

Disque solaire d'Uunartoq (Groenland).
Ce disque permet de déterminer le cap grâce au soleil.
(photo John Lee, Nationalmuseet, Copenhague.)

La navigation

Durant la période médiévale, les Scandinaves naviguaient principalement à la voile. Le bon déroulement d'un voyage en mer était donc intimement lié aux conditions météorologiques et aux courants marins. Le chef de bord se devait alors d'être un *veðrœnn*[11]. Nous savons par ailleurs, grâce aux études croisées en climatologie, que les températures durant le Haut Moyen-âge étaient sensiblement plus chaudes qu'aujourd'hui. Ces données sont d'ailleurs confirmées par l'archéologie et les sources écrites. Ainsi, le *Domesday Book* fait mention, à la fin du XIᵉ siècle, de vignes à York (Angleterre)[12]. Cet *optimum* climatique, entre 800 et 1300, libéra des glaces les mers septentrionales[13]. Jusqu'au XIVᵉ siècle, la côte du Grœnland était en effet dégagée jusqu'au Scoresbysund. Permettant ainsi aux Scandinaves de s'aventurer toujours plus au nord-ouest et de faire voile sous des latitudes boréales[14].

Dans la *Saga d'Egill*, on apprend que, *« dès le printemps, quand la mer se calma, Björn remit son bateau à l'eau et l'équipa avec soin. Lorsqu'il fut prêt et qu'il eut bon vent, il mit à la voile »*. Ce byrr[15] qui pousse les navires vikings en dehors de leurs territoires d'avril à octobre dépendait directement du gradient des pressions atmosphériques (dépressions et zones anticycloniques). En partant de Scandinavie vers *vestr um haf* (« à l'ouest de la mer », l'Islande et le Grœnland), les navigateurs rencontraient une dorsale (axe anticyclonique) les poussant vers le Nord. Le retour se faisant généralement à la fin de l'été, les bateaux étaient poussés par un fort vent arrière, écourtant très largement leur voyage.

Les courants marins permettent également de s'orienter. En dehors du cas particulier des courants de surface s'écoulant à proximité immédiate des côtes, la détection et la mesure des courants ont toujours été un véritable défi pour les navigateurs. En effet, pendant longtemps, l'unique moyen de mesurer l'intensité d'un courant était d'observer le déplacement d'objets portés à sa surface. La grande majorité de ce type d'observations fut effectuée sur des navires, et dépendait donc de la qualité des données de navigation puisque le courant était déduit de la différence entre la position estimée (mesure du cap, de la vitesse et de la dérive due au vent) et la position réelle (latitude et longitude). Compte tenu des instruments et techniques utilisés sur les navires participant aux grands voyages d'exploration et de découverte, les observations de courants ne pouvaient être que grossières. Il était alors primordial pour le marin d'identifier d'éventuels courants, afin de ne pas dévier de l'itinéraire choisi. De plus, il existait certainement un savoir empirique, hérité des aventures et mésaventures des marins, permettant aux navigateurs de se diriger plus aisément[16].

Quelques instruments de navigation ont également aidé les Scandinaves à se repérer. Le peu d'objets de ce type découvert, laisse supposer qu'ils n'étaient pas largement utilisés. Cependant, du fait qu'ils sont de caractère éphémère (ils permettent de se repérer sur un laps de temps très court) et surtout qu'ils ont été confectionnés dans des matériaux putrescibles, il est possible que l'archéologie n'ait simplement pas pu identifier d'autres exemples. Le demi-disque d'Uunartoq (Grœnland) est percé en son centre et est cannelé de seize encoches sur sa circonférence. Ce fragment pourrait correspondre à une tablette de *Solkompas* de trente-deux dents (correspondant à trente-deux directions, à l'instar des roses des vents). À la veille du voyage, le compas est exposé au soleil et est calibré en relevant les points correspondants à la projection du soleil sur le disque à chaque moment de la journée, permettant ainsi de tracer une hyperbole. Cette courbe reste ensuite valable pendant une quinzaine de jours, durant la période du solstice d'été, il est ensuite nécessaire de procéder à une correction du relevé. Pendant le voyage, à n'importe quel moment, il était alors possible de trouver le nord en tenant toujours le disque à l'horizontal et de le faire tourner jusqu'à ce que l'ombre du gnomon croise la courbe, il suffisait ensuite de pointer vers un cap en utilisant les degrés tracés sur la table[17].

Le *sólarsteinn*, littéralement la « pierre de soleil », est depuis longtemps sujette à des débats. Présente dans deux sagas, à l'instar de celle de saint Olaf, qui explique : *« Le temps était couvert et neigeux, comme Sigurður l'avait prédit. Alors le roi convoqua Sigurður et Dagur. Il demanda à ses hommes de regarder autour d'eux, personne ne trouva le moindre recoin de ciel bleu. Puis il somma Sigurður de désigner le soleil, lequel donna une réponse ferme. Alors le roi envoya chercher la pierre de soleil et, la tenant au-dessus de lui, vit la lumière jaillir et ainsi put vérifier directement que la prédiction de Sigurður était bonne. »*, ainsi que dans les inventaires d'églises et de cloîtres au bas Moyen Âge. Elle n'est archéologiquement connue que par un exemple, trouvé dans une épave du XVIe siècle au large de l'île anglo-normande d'Alderney. L'étude de Guy Ropars montre que la polarisation du soleil peut être obtenue avec du *feldspath* d'Islande, de la tourmaline du Grœnland ou de la cordiérite de Kragerø (Norvège). Pour déterminer la position du soleil, il suffit de placer le cristal devant son œil et de regarder le ciel. En raison de ses propriétés optiques, la pierre va alors « dépolariser » les rayons lumineux qui la traversent, permettant de trouver le soleil à travers la brume et les nuages[18]. Cependant, rien ne permet aujourd'hui de savoir si cette fameuse pierre de soleil a été largement employée par les Vikings. D'ailleurs, certains spécialistes estiment que le *sólarsteinn* employé par saint Olaf pourrait être une allégorie de la Vierge dans le texte, la tradition voulant que l'immaculée conception et la naissance du Christ soient comparées à un rayon de soleil traversant un morceau de verre[19]. ▪

Broche naviforme, Lillevang (Danemark), Xe siècle.
(photo Lennart Larsen, Nationalmuseet, Copenhague.)

[1] Néologisme créé par Augustin Jal dans *Archéologie navale,* tome I (1840)
[2] Bouet D., 2015.
[3] s. *herskip.*
[4] s. *kaupskip.*
[5] Qui donnera *escheis* en normand.
[6] Qui donnera *esnèques* en normand.
[7] Crumlin-Pedersen O., 2002, p.345.
[8] Qui donnera *kenar* en normand.
[9] Crumlin-Pedersen O., 2002, p.347.
[10] Bouet D., 2014, p.4-6.
[11] Celui qui sait « renifler » le temps.
[12] Darby, H.C., 1977, p.350-351.
[13] Bradley R.S., Hughes M.K et Diaz H.F., 2003, p.404-405.
[14] Boyer R., 1991, p. 221.
[15] « Bon vent ».
[16] Durant F., 1996, p.84.
[17] Bernáth B., Farkas A., Száz D. *et alii*, 2014.
[18] Ropars G., 2011, p.671-684.
[19] Einarsson A., 2010, p.296-297.

Restitution de la grande halle de Borg,
possible maison d'Othar, chef viking du Hålogaland.
(photo Jörg Hempel, Lofotr Viking Museum, Borg.)

Durant la période viking, la grande halle est un lieu
à hautes fonctions politiques et religieuses.
La communauté s'y rassemble lors de grands banquets,
les alliances s'y font et s'y défont…
(photo Damien Bouet, Ribe Vikingcenter.)

LA SOCIÉTÉ VIKING

Hiérarchisation

L'organisation des sociétés vikings diffère en plusieurs aspects des sociétés chrétiennes continentales, et ce, même après la christianisation. Comme dans la majorité des cas lorsque l'on s'intéresse aux aspects culturels et sociétaux des vikings, la plupart des sources proviennent des sagas et d'autres documents ultérieurs à la période viking qui, parfois, sont colorés par la vision chrétienne du monde viking.

La hiérarchisation de la société est expliquée par la *Rígsþula*. Bien que caricatural et peu crédible au regard des éléments disponibles dans les autres sources écrites[1], ce poème permet, en partie, d'appréhender la hiérarchisation de la société scandinave. Il raconte la visite de trois couples par Ríg – associé à Heimdal. Le dieu partage le lit avec chaque couple pendant une nuit et devient le père de trois fils. Le premier, appelé *þræll* (esclave) vit avec une femme appelée *Thir* (servante). Leurs vingt enfants, garçons et filles, ont des noms décrivant leur laideur ou le travail dégradant qu'ils accomplissent[2]. Son deuxième fils, *Karl* (homme libre) épouse *Snör* (belle-fille). Ils sont beaux et prospères ; il laboure et elle tisse, tout comme leurs nombreux enfants, parmi lesquels *Dreng, Thegn, Hold, Boandi, Brud* et *Vif,* dont les noms renvoient aux fonctions d'hommes libres[3]. Son dernier fils, nommé *Jarl* (comte), et sa femme *Erna* (vive, valeureuse). Ils n'ont que des fils, entre autres *Adal* (noble), *Arfi* (héritier), *Konung* (roi). Aucun d'eux ne travaille, ils vivent dans le luxe, mangent et boivent, chassent et se battent[4]. Comme l'explique Brigit Sawyer, il est nécessaire de réfléchir en termes d'échelle de dépendance. On retrouve ainsi les propriétaires fonciers, libres et riches, qui dépendent de l'aristocratie. Les paysans, moins riches mais libres, qui louent une partie de leurs terres ; les fermiers appauvris qui ne possédaient aucune terre ; et enfin les esclaves[5].

Une des caractéristiques des sociétés scandinaves est l'importance de la participation de la population locale à la politique par la tenue d'assemblées que l'on appelle le *Þing*. Ces assem-

Pendentif en argent à tête d'homme.
Sépulture découverte à Aska (Suède).
(photo Gabriel Hildebrand,
Historiska Museum, Stockholm.)

Þingvellir, « plaines du Parlement »
sont le lieu où les Hommes libres d'Islande
se rassemblent pour le *Þing*
jusqu'à la fin du XIIIe siècle.
(photo *Wikimedia Commons*.)

blées, réservées aux hommes et femmes libres, étaient tout autant portées sur la politique que sur la législation et la religion. Les documents les plus anciens qui nous sont parvenus proviennent des lois du *GulaÞing* (assemblée législative norvégienne) et du *FrostaÞing* (l'un des quatre principaux *Þing* de Norvège). Si la plupart des manuscrits datent des XIIᵉ et XIIIᵉ siècles, nous pouvons établir avec une relative certitude que ces lois étaient applicables au moins dès le XIᵉ siècle, et tout porte à croire qu'elles datent d'une période antérieure[6].

L'aristocratie est la dernière classe présentée par la *Rígsþula*. Bien que le *Þing* légifère le fonctionnement de la société scandinave, dès le début de la période viking, l'élite va progressivement dominer les décisions des assemblées. Par un habile jeu de clientélisme, des hommes vont gagner en importance et accroître progressivement leur pouvoir. Ces premières seigneuries, gérées par des *jarls* plus ou moins charismatiques, restent cependant instables et peinent à se maintenir plus que deux générations. L'archéologie confirme d'ailleurs l'existence de cette puissante classe dans la plupart des régions de Scandinavie. La présence de systèmes palatiaux, associés à des nécropoles tumulaires, à l'instar du site du Borre (Norvège), laisse supposer l'existence de royaumes, bien avant les premières descriptions de missionnaires au milieu du VIIIᵉ siècle. Cependant, bien que les cas du Vestfold et du Danemark soient plutôt bien documentés, il faut attendre le Xᵉ siècle pour réellement assister à une unification des royaumes scandinaves.

Peigne en os, Ringsaker (Norvège). Utilisé quotidiennement, et par toutes les classes sociales, le peigne est omniprésent dans le quotidien des Vikings, de nombreux exemples ont été retrouvés dans les sépultures dans toute la Scandinavie.
(photo Kirsten Helgeland, Kulturhistorisk Museum, Oslo.)

Etrier, Gran (Norvège). Le cheval est un marqueur de statut social. Non utilisé pour la guerre, il sert à se déplacer.
(photo Kirsten Helgeland, Kulturhistorisk Museum, Oslo.)

Imposant bracelet en or, Lunding (Danemark).
(photo Arnold Mikkelsen, Nationalmuseet, Copenhague.)

Couteau découvert à Ullensvang (Norvège).
(photo Hannah Young, Universitetsmuseet, Bergen.)

Le *bóndi*

Longtemps vu comme le socle de la société scandinave par l'historiographie, le *bóndi* (paysan libre) est présenté comme le juste milieu entre la crasse des *þrælar* et l'oisiveté de la classe aristocratique dans la *Rígsþula*[7]. L'épigraphie runique des Xe et XIe siècle montre que le bóndi est un propriétaire foncier, en charge d'un ménage. Les pierres runiques permettant d'ailleurs d'affirmer, au regard de tous, cette propriété pour lui et sa descendance[8].

Pour l'historiographie, les *bœndr* ont fait la période viking. Leur aisance financière leur ont permis d'acheter des bateaux et de monter une expédition. Paysans, pêcheurs et aventuriers, ils proviennent de lignages anciens, que les pierres runiques permettent de retracer sur plusieurs générations[9]. D'ailleurs, la législation scandinave, en particulier en Norvège, fait la distinction entre « petits » et « grands » *bœndr*, surtout lorsque l'un d'entre eux tient une propriété inaliénable – *oðal*. En soi, le *bóndi* est un homme libre, c'est aussi un propriétaire terrien plus ou moins riche[10]. Il peut participer au *Þing*, porter les armes et peut réclamer le *bót* (compensation financière) en cas d'offense.

Libre, mais pas indépendant, il est généralement sous la subordination d'un roi ou d'un *jarl* local. Les deux partis entretiennent une relation de clientélisme. Les premiers ayant besoin d'une protection et les seconds d'un appui politique ou militaire, lors des levées. D'ailleurs, dans les sociétés médiévales germaniques, la liberté est intimement liée au fait d'être aimé et protégé. De fait, la personne la plus « libre » est celle qui a le protecteur le plus « puissant ». Ainsi, le lien qu'entretient le *bóndi* avec un chef n'est pas un obstacle, mais une condition préalable[11].

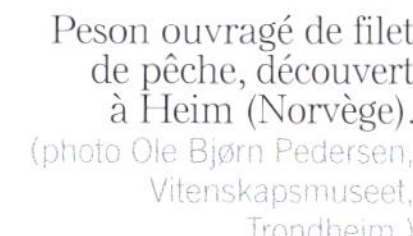

Peson ouvragé de filet de pêche, découvert à Heim (Norvège).
(photo Ole Bjørn Pedersen, Vitenskapsmuseet, Trondheim.)

Paire de broches tortues, Kølstrup (Danemark) et colliers de perle, Stora och Lilla Ihre (Suède). Ces objets sont l'apanage de la femme riche en Scandinavie. Il s'agit également de marqueurs de la présence féminine dans les colonies scandinaves. (photo Lennart Larsen & Gabriel Hildebrand.)

Corne à boire, avec appliques en bronze, Larvik (Norvège). (photo Kirsten Helgeland, Kulturhistorisk Museum, Oslo.)

Étui à aiguilles, Runni (Norvège). (photo Kirsten Helgeland, Kulturhistorisk Museum, Oslo.)

La femme

Femme maîtresse de maison, femme voyageuse, femme guerrière, la femme viking est l'objet de nombreux fantasmes. Durant l'ère viking, la femme semble être plus ou moins l'égale de l'homme. Elle participe aux tâches agraires à la même valeur que celle des hommes. Lors du mariage, les deux lignées parentales sont mises en avant, permettant aux deux individus de jouir de leur propre position de force. L'enfant s'inscrit d'ailleurs dans le lignage de ses deux parents[12].

Il est admis que la stratification de la société permettait au couple d'assumer différents aspects de la vie quotidienne, permettant une certaine complémentarité. La femme est davantage active dans le cercle privé, tandis que l'homme l'est dans le cercle public. Elle veille aux affaires du domaine, à la bonne exécution des travaux dans les champs et est en charge de la maisonnée[13]. La pierre de Hassmyra raconte d'ailleurs « *Le bon Holmgautr fit ériger* [cette pierre] *à la mémoire d'Óðindísa, son épouse. Il n'y aurait pu y avoir meilleure épouse à Hosumyrar pour s'occuper du domaine »*[14]. Cette position s'affiche publiquement avec une clé, richement décorée, qu'elle porte ostensiblement sur son costume[15].

Valkyrie tendant une corne, Klinta (Suède).
(photo Gabriel Hildebrand, Historiska Museum, Stockholm.)

Trépied et chaudron , Oseberg (Norvège).
(photo Eirik Irgens Johnsen.)

Femme voyageuse, elle est présente sur les bateaux pour le commerce ou la conquête de nouvelles terres. Les sagas présentent de nombreux récits de femmes, prenant la mer pour aller s'installer dans de nouvelles terres. La présence d'*instrumentum* féminin dans les colonies vikings confirme d'ailleurs leur présence. Au XIe siècle, le *Domesday Book* fait mention de femmes possédant des terres dans le nord-est de l'Angleterre.

Les *þrælar*

Au-delà de l'image caricaturale du *þræll* dressée par la *Rígsþula*, les nombreux textes de lois et sagas permettent d'affiner le portrait des hommes et femmes, mais aussi de leur rôle dans la Scandinavie viking. Cependant, ces sources ont été compilées à partir du XIIe siècle et, par conséquent, ont été influencées par la doxa chrétienne et romaine. Appelés *firælar* ou *ambáttir* pour les femmes, leur fonction varie en fonction des sources. Bien que le terme « esclave » soit aujourd'hui profondément influencé par la traite négrière, il est nécessaire de recontextualiser la position de ces personnes, non-libres, dans la Scandinavie médiévale.

Étreinte en fer d'esclave, Birka (Suède).
(photo Gabriel Hildebrand, Historiska Museum, Stockholm.)

Les sources disponibles semblent davantage renvoyer à un rôle de serviteur au sein du foyer. En cela, il se dissocie de l'esclavage du monde méditerranéen antique. Malgré les très grandes disparités régionales (entre la Scandinavie et les colonies), les spécialistes s'accordent à dire que les þrælar n'ont pas eu un rôle déterminant dans l'économie locale. Le système agraire en vigueur durant la période viking ne semble pas se baser sur un recours massif aux esclaves[16]. Cependant, la capture d'esclaves a été une activité lucrative durant la grande phase de raids. Ces derniers étaient toutefois destinés à être vendus au Moyen-Orient ou en Europe[17].

Les esclaves peuvent provenir de conflits ou avoir été capturés lors de raids, le cas des captifs irlandais et slaves est en cela révélateur de ce marché. Il peut également s'agir de personnes ayant renoncé à la liberté pour des raisons économiques. Enfin, la ma-

Restitution de la grande halle de Ribe (Danemark). Les recherches actuelles montrent qu'une pièce réservée aux esclaves était aménagée dans ces édifices.
(photo Damien Bouet, Ribe Vikingcenter.)

jorité des esclaves semblent être des descendants d'esclaves. Les lois norvégiennes expliquent cependant qu'ils peuvent acheter la liberté, ou l'obtenir de leur maître. Par contre, ils deviennent des *leysingi* (affranchi) et conservent un lien de subordination avec leurs anciens maîtres pendant deux générations. Par ailleurs, si un affranchi décède sans descendance, ses possessions reviennent aux anciens maîtres[18]. Les conditions de vie des esclaves en Scandinavie variaient selon le maître. Les plus gros propriétaires avaient une trentaine d'esclaves, tandis que la plupart des familles n'en possédaient qu'un ou deux[19]. Les textes de loi prévoient également le versement du *wergeld* (prix de l'homme), une indemnité que l'auteur du crime paie aux ayants droit.

La capture d'esclaves a progressivement diminué au XIe siècle, en même temps que la fin des grands raids et le développement du christianisme. L'esclavage est finalement aboli au XIVe siècle[20]. ▮

[1] Sawyer B., 2003, p.50-51.
[2] Boyer R., 1992, p.145.
[3] *Op. cit.*, p.148.
[4] *Op. cit.*, p.154.
[5] Sawyer B., 2001, p.3.
[6] Sanmark A., 2014, p.85.
[7] Boyer R., 2008, p.365.
[8] Pollington S., 2016, p.248.
[9] Boyer R., 2008, p.365-367.
[10] Bauduin P., 2019, p.155-156.
[11] Sawyer B., 2001, p.6.
[12] Andersson G., 2018, p.50.
[13] Bauduin P., 2019, p.174.
[14] Samnordisk runtextdatabas.
[15] Jorgensen L., 2000, p.84.
[16] Brink S., 2012, p.262.
[17] Andersson G., 2018, p.69-70.
[18] Sawyer B., 2001, p.5.
[19] Sawyer P.H., 2002, p.39.
[20] Iversen T., 2020, p.42.

Balance et poids découverts
dans une sépulture à Ringerike (Norvège).
(photo Eirik Irgens Johnsen, Kulturhistorisk Museum, Oslo.)

L'ÉCONOMIE

Vikings des champs

L'économie scandinave est principalement axée sur l'agriculture et l'élevage. L'archéozoologie a montré une croissance constante de l'élevage, en particulier des porcs, durant tout le premier millénaire. D'ailleurs, dans le Jutland, le *Hærvejen* (« voie des armées ») est également appelé *Ochsenweg* (« voie des boeufs »)[1]. Dès l'âge du Fer germanique, on retrouve au Danemark, sur les sites de Flejsborg, Ginderup, Siggård ou encore Solbjerg, des maisons longues avec une bipartition très nette entre l'espace de vie et les stalles[2]. Des enclos à bétail ont également été découverts à Ribe, l'un des plus anciens ports de commerce du Danemark[3]. Cette prégnance du mode pastoral va pousser les populations à défricher et occuper des régions toujours plus septentrionales, à l'instar des sites de Borg ou encore Tromsø, situés au-dessus du cercle polaire[4]. Alors que la culture céréalière n'est présente que dans les régions méridionales de Scandinavie à la fin de l'âge du Fer romain, elle est présente sur tout le pourtour du Golfe de Botnie et jusqu'aux Lofoten au Xe siècle[5]. En fonction de la pression démographique et de la richesse du sol, les ressources pastorales peuvent être complétées par le fruit de la chasse et de la pêche.

Fer de faucille découvert à Skafttangen (Norvège), Xe siècle.
(photo Svein Skare, Universitetmuseet, Bergen.)

Maisons et bateaux à Ribe (Danemark).
(photo Barak Eylam, Ribe Vikingcenter.)

Le *Old English Orosius* raconte d'ailleurs l'histoire d'Othar, chef viking en *Hålogaland*, le plus septentrional des royaumes norvégiens, venu rencontrer Ælfrēd de Wessex vers 890. Le texte évoque la culture des céréales, mais également l'élevage de veaux, vaches ou cochons. Plus étonnant, cette source évoque la possession d'un troupeau de rennes. La pêche aux petits mammifères marins (morses et phoques) y est également décrite[6]. La pêche à la baleine semble, quant à elle, se pratiquer à partir de la fin du IXe siècle dans la région de Tromsø[7]. Plus largement, on retrouve des pêcheries tout le long du littoral scandinave, permettant l'exploitation des ressources halieutiques[8].

Le début de la période viking marque également l'adoption de nouvelles méthodes agraires. L'introduction du seigle, à partir du VIIIe siècle en Suède, laisse supposer le développement de la rotation des cultures – seigle d'automne – orge – jachère ou orge – seigle d'automne – jachère[9]. Cette pratique va ensuite se généraliser au reste de la Scandinavie dans le courant des IXe-Xe siècles. L'intensification de la culture céréalière va de pair avec le développement d'un outillage plus performant, en particulier en Suède et au Danemark[10]. On remarque également une nouvelle organisation de l'espace agricole, à mettre peut-être en lien avec l'affirmation du pouvoir royal. Les unités agricoles se regroupent et le parcellaire est mieux organisé, de façon à optimiser la production[11]. On note aussi l'abandon progressif des maisons longues trifonctionnelles (habitat / stockage / élevage), au profit de constructions plus petites mais dédiées à une fonction précise. La maison longue, qui modulait l'habitat standard de l'âge du Fer germanique, devient seulement l'apanage des élites durant la période viking. Elle endosse un rôle éminemment politique et administratif durant cette ère[12].

Fers de haches emmanchés, probablement destinés à être vendus. Gjerrild (Danemark), Xe siècle.
(photo John Lee, Nationalmuseet, Danemark.)

Paire de fibules tortues, témoignage matériel du talent des artisans dans les *emporia* scandinaves.
(photo Ole Bjørn Pedersen, Vitenskapsmuseet, Trondheim.)

Vikings des villes

Alors que, durant l'âge du Fer germanique, un système de don réciproque et d'échange de produits rares, réservés à l'élite, est en place, l'intensification du commerce induit à la création de grands pôles commerciaux et artisanaux. Dès lors, on échange aussi bien des produits de luxe que des produits de consommation ordinaire. De fait, la période viking se traduit également par l'organisation de l'espace économique[13]. De manière générale, appuyées par le pouvoir central, ces villes ont une morphologie commune. L'essentiel de l'activité se concentre généralement autour de rues quadrillant l'espace urbain. On retrouve un espace destiné à l'artisanat et au commerce, une zone d'habitat et de culture, ainsi qu'une nécropole. Les aménagements portuaires sont variables, adaptés aux besoins du moment et au tonnage des bateaux. À partir du Xe siècle, avec l'affirmation du pouvoir royal, les villes élèvent des remparts monumentaux, dont la valeur symbolique équivaut à la valeur défensive[14].

Cependant, la création de villes reste un phénomène marginal en Scandinavie ou sur le pourtour de la Baltique. Entre le VIIIe et le Xe siècle, seule une dizaine de sites d'Europe du Nord peuvent être considérés comme des villes. Ces dernières, à l'instar de Ribe, Hedeby, Birka ou encore Kaupang, centralisent les marchandises venant de Scandinavie pour les redistribuer dans toute l'Europe. Elles reçoivent également les produits d'importations pour les disséminer dans l'arrière-pays. De fait, ces sites dispersés ont permis de centraliser les biens et de canaliser les échanges vers des voies navigables ou routières[15]. La plupart des Scandinaves de la période viking n'ont probablement jamais visité ces *emporia*. Cependant, il est probable que, dans chaque hameau, des individus ou des comptoirs locaux aient permis de faire le lien entre ces sites et l'arrière-pays. De même, des artisans, présents dans ce même arrière-pays, produisaient probablement des objets destinés à être commercialisés dans ces centres[16]. De fait, en analysant les artefacts découverts dans ces villes et dans le reste de monde, il est possible de retracer la dynamique de communication et les liens tissés entre les populations. La ville est également le lieu des changements, on note la pénétration par leur biais de nouvelles habitudes et techniques. De-là, l'usage de la monnaie d'argent se répand progressivement en Scandinavie. Les dirhams, présents en grand nombre dès le VIIIe siècle, sont progressivement supplantés par les frappes monétaires anglaises et franques. De même, Ribe frappe sa propre monnaie dès le VIIIe siècle et Hedeby en émet à partir de 820. Le monnayage royal n'apparaîtra qu'au Xe siècle au Danemark et au XIe siècle en Norvège[17]…

Moule en stéatite découvert à Birka (Suède).
(photo Gabriel Hildebrand, Historiska Museet, Stockholm.)

Tuyère de fonderie en stéatite représentant le dieu Loki,
découverte à Snaptun (Danemark).
(photo Lennart Larssen, Nationalmuseet, Copenhague.)

Les Scandinaves exportent massivement de l'ambre, des produits de la pêche (hareng et morue), de l'ivoire de morse, des fourrures et des peaux. À cela s'ajoutent les produits manufacturés, lingots de fer, peignes, récipients en stéatite, pierres à aiguiser ou encore bijoux. Enfin, ils profitent de leurs captures en Gaule, en Irlande ou dans les pays slaves pour alimenter les marchés aux esclaves. En retour, ils importent ou échangent des soieries, des verreries, du miel ou des épices d'Orient – des armes, des meules, de la céramique, de l'or ou de l'argent d'Occident[18].

Au-delà des marchands de passage, ces centres urbains vont également accueillir des artisans hautement qualifiés. L'abondance des métaux précieux à partir du VIIIe siècle va permettre une diffusion plus large des bijoux ou des éléments de parure. Les fibules « tortues », destinées aux femmes pour fixer leur tablier, en sont la parfaite représentation. Ces dernières, quasi exclusivement réalisées dans les emporia scandinaves, vont se répandre dans toute la Scandinavie, jusqu'à devenir un objet emblématique de la culture viking[19]. Par ailleurs, leur poids va notablement augmenter entre le VIIIe et le Xe siècle, preuve de la plus grande disponibilité des métaux précieux ou semi-précieux durant cette période[20]. Des quantités très importantes de déchets de tabletterie ou d'ivoirerie, découvertes dans les sites comme Ribe ou Hedeby, montrent également la prédominance de cet artisanat dans les pôles urbains. Ces derniers centralisent le produit des chasseurs de morses, facilitant, de fait, l'acquisition de la matière première pour les ivoiriers[21]. Le verre, quant à lui, n'est pas directement produit en Scandinavie, quoique l'on retrouve dans les villes des ateliers de verriers réalisant principalement des perles[22]. ▮

[1] Bauduin P., 2019, p.185-186.
[2] Nielsen J.N., 2008, p.26-27.
[3] Richards J.D., 2005, p.41.
[4] Solli B., 2006, p.257-260.
[5] Pedersen E.A. et Widgren M., 2011, p.67.
[6] Valtonen I., 2008, p.380-384.
[7] Richard E., 1999, p.40-41.
[8] Bauduin P., 2019, p.187.
[9] Pedersen E.A. et Widgren M., 2011, p.63.
[10] Nissen-Jaubert A., 1996, p.110-118.
[11] Bauduin P., 2019, p.189.
[12] Andersson G., 2018, p.77.
[13] Bauduin P., 2019, p.190.
[14] Kalmring S., 2016, p.11-22.
[15] Sindbæk S.M., 2015, p.120-123.
[16] Sindbæk S.M., 2012, p.410.
[17] Bauduin P., 2019, p.194.
[18] Bauduin P., 2019, p.192.
[19] Sindbæk S.M., 2012, p.411.
[20] Rundkvist M., 2015, p.127-130.
[21] Dectot X., 2018, p.163-167.
[22] Krantz O., 2019, p.28-29.

Marteau de Thor découvert en Scanie (Suède), IXe siècle.
(photo Gabriel Hildebrand, Historiska Museet, Stockholm.)

PAR ÞÓRR ?

Ces dernières années, la série *Vikings*, ou les inépuisables Marvel Studios, présentent une vision pour le moins misérabiliste du paganisme scandinave, déjà bien entaché par des années de courant new-wave. Mais quid de la religion des Vikings ? La difficulté étant qu'il ne faut pas voir les croyances des anciens Scandinaves comme un tout invariable. On note de réelles disparités en fonction des régions. Ainsi le dieu Thor semble populaire dans toute la Scandinavie, son nom a d'ailleurs largement influencé la toponymie locale. Odin, quant à lui, est davantage associé aux guerriers, aux rois et aux poètes. Il est moins présent dans la toponymie, en particulier en Norvège et en Islande. Cependant, Odin ayant de très nombreux noms, il a pu être associé à d'autres divinités[1].

Anneau à amulettes comprenant des représentations du dieu Thor (Mjölnir), d'Odin (Draupnir, l'anneau d'Odin) et de Freyr (pierre à feu). Södra Möcklaby (Suède), IXᵉ siècle.
(photo Gabriel Hildebrand. Historiska Museet, Stockholm.)

Représentation de la déesse Frigg,
épouse du dieu Odin. Tuna (Suède).
(photo Gabriel Hildebrand,
Historiska Museet, Stockholm.)

Figurine niellée d'une Valkyrie
portant un bouclier et une épée.
Hårby (Danemark),
première moitiée du IXe siècle.
(photo John Lee, Nationalmuseet, Copenhague.)

Le panthéon scandinave est particulièrement hiérarchisé, à l'image de la société Viking. Notre connaissance des dieux, de leurs attributs et des mythes qui leurs sont associés, est exclusivement connue par la poésie scaldique islandaise du XIIIe siècle. La date de création de la plupart des poèmes reste inconnue. Cependant, ils sont issus d'une longue tradition orale, parfois confirmée par les pierres historiées, preuve de la pérennité de ces mythes dans l'univers mental des anciens Scandinaves, et cela malgré la christianisation.

L'*Edda poétique*, écrite par Snorri Sturlusson vers 1220, offre un regard structuré de la religion préchrétienne. Ainsi retrouve-t-on deux groupes principaux de dieux et de déesses, les Æsir et les Vanir. Le mythe raconte qu'après un long conflit et l'échange de divinités entre les deux groupes, la paix régna. Le culte associé aux dieux Ases semble essentiellement masculin et guerrier. Centré sur la figure d'Odin et de ses descendants, il met l'accent sur la communauté et la loyauté. Ainsi, les grands guerriers sont conduits par les *Valkyries* à *Valhöll* (*Valhalla*), pour banqueter et préparer le *Ragnarök*. Les

Représentation du dieu Vane Freyr, associé à la prospérité et à la fertilité. Rällinge (Suède), Xe siècle.
(photo Historiska Museet, Stockholm.)

femmes sont exclues de ce cercle et vont, avec les morts masculins non sélectionnés, au *Helheim*. On note le parallèle du chef, conviant ses guerriers à banqueter dans la halle durant la période viking[2]. La croyance aux dieux Vanes semble plus ancienne. Elle est associée aux cultes de la fertilité, de la fécondité, de la sagesse et de la précognition, dans lesquelles les femmes ont eu un rôle clef. Ainsi, dans l'intimité du foyer, les femmes semblent avoir eu des responsabilités dans le culte domestique et, plus largement, dans l'organisation des sacrifices et banquets annuels. Les géants représentent les forces du chaos et sont en guerre perpétuelle avec les Ases et les Vanes. Ils sont également les garants de certains savoirs, obligeant les dieux à parfois s'associer à eux. Vient enfin une multitude d'êtres surnaturels – elfes, nains, gobelins – qui ponctue le quotidien des Vikings[3].

La religiosité des anciens Scandinaves est rythmée par le culte public et domestique. L'Homme, avec les dieux, se doit de maintenir l'ordre cosmique. Les libations, offrandes et sacrifices permettent de remercier les différentes divinités et de les fortifier pour qu'ils puissent combattre les forces du chaos. Plus rarement, lorsque de grandes crises l'exigent, des sacrifices humains ont été pratiqués. Des restes d'individus immolés ont été découverts sur des sites cultuels, à l'instar de Trelleborg (Danemark) et Lunda (Suède), entre le VIe et le Xe

Plaque en argent représentant une Valkyrie apportant une corne à boire à un guerrier pour l'emmener au Valhalla. Registre fréquent de l'art pré-chrétien en Scandinavie Viking. Tissø (Danemark), IXe siècle. (photo Roberto Fortuna, Nationalmuseet, Copenhague.)

Fragment de crâne humain, portant l'inscription
« *Ulfr et Odin et Týr le haut aident Buri contre cette douleur. Et le nain* [est] *vaincu.* ».
Ribe (Danemark), VIIIe siècle. (photo Lennart Larsen, Nationalmuseet, Copenhague.)

siècle[4]. Cette pratique a d'ailleurs été décrite par Adam de Brême à Uppsala[5]. Toutefois, les offrandes les plus spectaculaires, à l'instar de celles de Vimose ou d'Illerup Ådal, sont datées de l'âge du Fer germanique. La pratique semble progressivement décliner durant la période viking, avant d'être formellement interdite après la christianisation. Les Samis continueront toutefois à pratiquer les offrandes dans le cadre d'un culte polythéiste durant tout le Moyen Âge.

Malgré l'existence des *goðar* (prêtres) en Islande, qui ont à la fois des fonctions politiques et religieuses, aucune classe religieuse ne semble régir la pratique du rite en Scandinavie. Le chef de famille est le garant du culte domestique, tandis que le jarl ou le roi détient un rôle important dans le culte public. En effet, dans la société scandinave préchrétienne, l'élite princière et royale est investie d'une fonction religieuse. L'aristocratie se place sous la figure tutélaire d'Odin et transpose certains mythes odiniques sur terre. D'ailleurs, l'usage des runes est intimement lié à l'aristocratie jusqu'au XIe siècle[6].

La *völva* (« porteuse de bâton ») reste énigmatique. Évoquée dans les sources antiques, comme dans les sagas et dans les sources contemporaines extérieures, son rôle dans la pratique du culte est difficile à déterminer. Les sagas évoquent des femmes âgées, vivant en dehors de la société, prédisant les victoires et les défaites. Cependant, cette description ne correspond pas aux éléments révélés par l'archéologie[7]. Une trentaine de *seiðstafr*, sorte de bâton associé à

Pendentif représentant la déesse Freyja,
découvert à Aska (Suède).
(photo Gabriel Hildebrand,
Historiska Museet, Stockholm.)

Figurine odinique découverte sur le site royal
de Lejre (Danemark), IXᵉ siècle.
Le personnage porte un costume féminin.
Il pourrait donc s'agir d'une völva pratiquant
le *seiðr*, les deux corbeaux renvoient
au dieu borgne, maître de cette pratique.
(photo Damien Bouet, Lejre Museum.)

Le Skógafoss, dans le Suðurland (Islande).
(photo Convertini D.)

la *völva*, ont été découverts dans des sépultures féminines en Scandinavie. Les offrandes funéraires particulièrement luxueuses associées à la défunte illustrent l'importance de ces femmes dans la société scandinave. D'après les sagas, la *völva* pratique des danses chamaniques et le *seiðr* (rituel magique), faisant d'elle un personnage intimement lié à Odin, le maître du *seið*. La *Saga d'Erik le Rouge* offre une description assez précise du rituel. Une *völva* est invitée dans une ferme du Grœnland pour faire de la divination[8]. Elle y apparaît dans un manteau bleu avec des pierreries incrustées sur le bord. Après avoir passé une nuit dans la maison, elle entonne des chants avec de jeunes filles pour entrer en transe et déclamer l'avenir[9]. D'après le poème de *Beowulf*, elles ont également la réputation de pouvoir arrêter les armées. Dans la *Brennu-Njálls saga*, elles tissent le destin des Hommes à l'instar des Nornes. Comme Freyja lors de la guerre contre les Ases, les *völur* ont la responsabilité de décider du début et de la fin de la bataille. C'est probablement la raison pour laquelle Harald Ier de Danemark, en guerre contre l'empereur romain d'Orient, garde auprès de lui une *völva* à Fyrkat. Enfin, d'après Iban Fadlan lors de sa rencontre avec des Varègues sur la Volga, les *völur* mènent le rite funéraire. Ainsi, lors des funérailles d'un chef, une esclave se sacrifie pour être inhumée avec son maître. Après dix jours de festivités, elle est poignardée par « l'Ange de la mort », probablement une *völva*, avant que son corps ne soit incinéré avec celui de son maître. ∎

[1] Bauduin P., 2019, p.138-139.
[2] Samson V., 2011, p.194.
[3] Bauduin P., 2019, p.140-141.
[4] Primeau C., Frei K.M. et Jørgensen L., 2015, p.159-160.
[5] Eriksson K.E., 2018, p.309.
[6] Pollington S., 2016, p.340.
[7] Andersson G., 2018, p.56-57.
[8] Dillmann F.X., 2006, p.276-278.
[9] Leduc C., 2015, p.56-61.

Seiðstafr de *völva*, découverts à Fuldby (Danemark) et Gefle (Suède).
Ces bâtons, découverts dans des tombes féminines richement dotées,
reprennent la forme de la quenouille pour filer la laine.
Il marquent la fonction de la femme au sein de la société scandinave
et, indirectement aux Nornes, filant le destin des Hommes.
(photo Arnold Mikkelsen, Nationalmuseet, Copenhague.)

La pierre Rök (Suède), datée du IXᵉ siècle, utilise aussi bien le nouveau que l'ancien Fuþark. Elle indique : « *À la mémoire de Vémóðr sont dressées ces runes. Et Varinn, le père, les grava en mémoire de son fils mort. […] Þjóðríkr le courageux, chef des guerriers de la mer, régna sur les côtes de l'Océan Hreið. Maintenant, il est assis armé sur son [cheval] goth[ique], son bouclier attaché, le prince des Mærings. Je dis ceci au douzième, où le cheval de Gunnr voit les fourrages du champ du bataille, là où vingt rois reposent. […]* » (photo Helge Andersson.)

LES RUNES

Associées aux Vikings, les runes sont le fruit d'un long processus d'alphabétisation et ont été utilisées par toutes les populations parlant des idiomes germaniques – les Scandinaves, comme les Saxons, les Frisons ou les Goths. De fait, on retrouve des inscriptions runiques dans toute l'Europe du Nord. Le *Fuþark* ancien a largement été remanié en Scandinavie vers le VIIe ou le VIIIe siècle. Vers 800, deux nouvelles formes d'écriture apparaissent. Les Scandinaves ont décidé de changer la forme de leurs runes et d'en réduire le nombre, tandis que les Anglo-Saxons vont faire évoluer leur *Fuþork* et ajouter des runes. Ce développement différencié peut être lié à des facteurs politiques et religieux. Ainsi, la conversion au christianisme de l'Europe continentale et de l'Angleterre anglo-saxonne, de même que la transformation en « royaumes » de ces sociétés germaniques, a très certainement influencé l'évolution des formes d'écritures runiques et plus largement l'usage des runes en Europe[1]. Dans le courant du IXe siècle, l'utilisation des runes pour le commerce et dans la vie quotidienne peut donc avoir été l'une des raisons de la simplification du *Fuþark*[2]. Progressivement, les runes scandinaves sont devenues un moyen de communication en Europe du Nord et de l'Est. Leur utilisation nous offre un aperçu intéressant de la période viking[3].

Plaque en cuivre de Veddesta (Suède) et son étui en cuir.
(photo Christer Åhlin, Historiska Museet, Stockholm.)

Fusaïole de Hoftuft Gård (Norvège).
L'inscription indique : *« Gunnhildr a fait cette fusaiole ».*
(photo Kirsten Helgeland, Kulturhistorish museum, Oslo.)

Pierre de Jelling (Danemark), érigée par Harald
à la Dent Bleue en 938, légitime le lignage du roi danois
et de ses possessions. Elle raconte : *« Le roi Harald fit
faire. Ces stèles pour Gorm son père et, ce pour Thyra
sa mère. Harald conquit le Danemark entier et
la Norvège et fit chrétiens les Danois ».*
(photo Roberto Fortuna, Nationalmuseet, Copenhague.)

Les pierres runiques

Les pierres runiques sont une caractéristique du paysage scandinave. Érigées dès le Vᵉ siècle ap. J.-C., leur usage s'est généralisé au XIᵉ siècle, particulièrement en Suède où se situent près des trois quarts des trois mille pierres connues actuellement[4]. Environ 250 pierres runiques ont été découvertes au Danemark, tandis que la Norvège n'en possède qu'une cinquantaine[5]. Quelques pierres ont également été découvertes en-dehors de Scandinavie, comme sur l'île de Man ou dans le Schleswig.

La majorité de ces pierres datent de la fin de la période viking ; la plupart sont d'ailleurs contemporaines de la conversion au christianisme. Elles célèbrent les accomplissements de chefs et de leurs partisans. Il est possible que les pierres runiques aient été érigées afin de servir de monuments chrétiens, à une époque où les églises et les espaces consacrés étaient peu courants. Elles montrent évidemment l'extension du pouvoir royal ou aristocratique sur de nouveaux territoires. La pierre runique est alors un mode de célébration transitoire, en attendant la construction d'une église locale. Dans les secteurs où les pierres runiques sont peu nombreuses (ex. dans le Jutland au Danemark, Vestfold et Østfold en Norvège), le pouvoir royal était déjà fortement installé, et cela dès la fin du Xᵉ siècle[6].

L'étude menée par Birgit Sawyer en Scandinavie occidentale, pour la période viking, a révélé que les pierres étaient souvent érigées par une seule et même personne, citée sur le monument. Dans l'est de la Suède, les pierres mentionnant deux ou plusieurs commanditaires sont plus courantes. La formule standard des inscriptions suit l'un ou l'autre de ces modèles : « *X a érigé cette pierre* » ou « *X a fait ériger cette pierre après* » (en mémoire de)

Corne de bovidé, découverte à Erga (Norvège).
L'inscription indique « *fuþorkhniastbmly* ».
(photo Terje Tveit, Arkeologisk Museum, Stavanger.)

Couteau en os de tibia de renne comportant une inscription runique.
Bergen (Norvège), XIᵉ siècle. (Svein Skare, Universitetmuseet, Bergen.)

Y » avec des variantes mineures. La plupart des pierres indiquent très clairement le lien entre le commanditaire et le défunt. Il semble donc évident que la vocation du monument, au-delà de l'aspect mémoriel, est de légitimer la filiation du commanditaire et donc ses prétentions sur l'héritage du défunt.

Les runes au quotidien

Au-delà des pierres runiques, des runes ont été gravées sur de nombreux objets. Les inscriptions font généralement référence à l'objet, à son propriétaire ou à son fabricant. Souvent réalisées sur le revers de l'objet, elles n'étaient visiblement pas destinées à être lues par tout le monde. Une lance découverte à Vede, sur l'île de Gotland (Suède), porte ainsi l'inscription : « *Cette lance appartient à Rani – Botfuss grava ces runes* », le propriétaire de l'arme est ainsi nommé, ainsi que la personne qui a gravé l'inscription. Cet exemple illustre le fait que la connaissance des runes n'est pas encore répandue. Le propriétaire a été contraint de commanditer l'inscription[7]. Avec l'alphabétisation progressive de la Scandinavie, on voit apparaître des inscriptions reprenant des vers de la poésie scaldique. Une balance découverte à Sigtuna (Suède) met en garde le possible voleur, on peut y lire : « *L'oiseau déchira la chair du voleur livide, je vis gonfler le corps du coucou qui se nourrissait du cadavre* »[8].

Les runes peuvent avoir vocation à protéger, guérir et parfois à détruire. Plusieurs amulettes en bronze, en pierre ou en fer ont été découvertes en Scandinavie. L'usure laisse supposer qu'elles étaient portées afin de protéger le propriétaire ou le destinataire de l'inscription. La plaquette en cuivre de Södra Kvinneby indique : « *J'ai gravé une protection pour toi Bófi [...]. Et que la foudre éloigne tout mal de Bófi. Puisse Þórr le protéger avec ce marteau qui revient après avoir frappé l'être malveillant. Fuyez le mal ! Vous n'obtenez rien de Bófi. Les dieux sont au-dessus de lui et au-dessous de lui.* »[9]. D'autres amulettes souhaitent l'infamie. La plaque en cuivre de Veddesta (Suède), indique : « *Illfúss. Unni prie pour ton malheur.* »[10] Les runes n'échapperont pas à la christianisation. À partir du XIᵉ siècle, de nombreuses inscriptions runiques renvoient à des prières et ont été utilisées comme ex-votos. La plaquette en étain de Lille Myregård (Danemark) indique : « *Je vous salue Marie, pleine de grâce. Le Seigneur est avec toi. Tu es bénie parmi les femmes, et béni est le fruit de ton ventre. [...].* »[11]

Les sagas permettent de mieux comprendre certaines découvertes archéologiques. Dans l'*Edda poétique*, le *Sigrdrífumál*, la Walkyrie Sigrdrífa apprend au jeune Sigurd l'art de graver les runes et lui explique : « *Les runes de la victoire, vous devez savoir si vous aurez la victoire, et les graver sur la poignée de l'épée, certaines sur la prise et d'autres sur l'incrustation, et nommez Tyr deux fois.* » Peu d'incantations runiques ont été découvertes pour la période viking. Cependant, de nombreux exemples existent pour l'âge du Fer germanique, traduisant l'ancienneté de cette tradition[12]. La saga d'Egill raconte la pratique du *nidh-stöng* (bâton d'infamie). Avant de partir, il éleva un piquet en haut d'une colline et y planta une tête de cheval ; il explique : « *Je tourne ce* nidh *contre les esprits tutélaires qui habitent ce pays afin qu'ils s'égarent tous et que nul ne s'y retrouve avant qu'ils n'aient chassé du pays le roi Eirikr et la reine Gunnhildr* ». Il tourna la tête de cheval vers l'intérieur du pays et grava des runes sur le piquet. Dans ce passage, en plus de la tête de cheval sur la pique, les runes sont utilisées pour provoquer l'infamie[13]. ▪

[1] Pollington S., 2008, p.345.
[2] Herschend F., 2009, p.401.
[3] Pollington S., 2008, p.344.
[4] Jesch J., 2001, p.13.
[5] Sawyer N., 2003, p.148.
[6] Sawyer N., 2003, p.146-147.
[7] Källström M., 2018, p.108-109.
[8] Jansson, S. B. F., 1987, p.56.
[9] Traduction fournie par le Samnordisk runtextdatabas / *www.nordiska.uu.se.*
[10] *Op. cit.*
[11] Olesen R.S., 2010, p.172.
[12] Pollington S., 2018, p.39-54.
[13] Meylan N., 2013, p.342.

Plaque de harnachement d'origine carolingienne. Au dos, l'inscription indique « *slupi* » renvoyant au nom de son propriétaire. Grimstad (Norvège), Xᵉ siècle. (photo Kirsten Helgeland, Kulturhistorisk Museum, Oslo.)

Sigurd tuant Fafnir métamorphosé en dragon,
détail du portail de la stavkirke de Hylestad (Norvège), XIIᵉ siècle.
(photo Damien Bouet, Kulturhistorisk Museum, Oslo.)

REGIN ÞRJÓTA :
LA FIN DES DIEUX

À l'instar du débat pour le début de la période viking, la datation de la fin de la période, traditionnellement fixée à 1066, ne fait pas non plus l'unanimité. Cette date, correspondant à la défaite des Norvégiens à Stamford Bridge (Angleterre), marque l'arrêt des raids vikings pour l'historiographie anglaise, mais ne correspond à aucune réalité historique. Avant 1066, la Scandinavie a déjà profondément muté. Le christianisme s'est imposé et un pouvoir central fort a pris le pas face aux petites chefferies qui caractérisent le début de la période viking. Après 1066, les Scandinaves mènent encore des raids. Il ne s'agit cependant plus d'attaques visant à rapporter du butin, mais de levées maritimes, à l'initiative de rois, destinées à imposer leur hégémonie ou de rétablir leur pouvoir. D'ailleurs, durant l'été 1069, le roi Sweyn II du Danemark lève une flotte pour tenter de s'imposer face au nouveau maître de l'Angleterre, Guillaume le Conquérant. Initiative ratée puisque la coalition anglo-danoise est écrasée par les Normands, avant même de réussir à convenablement débarquer...

Pendentif de Foss (Islande), pouvant s'apparenter à un mélange de la croix du Christ et du Mjölnir.
(photo Jon Ulfberht, Þjóðminjasafn Íslands, Reykjavik.)

La bataille de Stamford Bridge, d'après Matthew Paris, XIIIᵉ siècle.
(photo Cambridge University Library, MS Ee.3.59, f. 60v.)

Moule en stéatite de Trendgården (Danemark), permettant de mouler des croix et des marteaux de Thor, mais également de petits lingots. (photo Roberto Fortuna, Nationalmuseet, Copenhague.)

Cloche de Hæstrup (Danemark), XIIᵉ siècle. L'inscription runique indique : « *Je vous salue Marie, pleine de grâce, le Seigneur est avec toi: tu es bénie parmi les femmes, et béni est le fruit de ton sein. Áskell. Je vous salue Marie, grâce* ». Ribe (Danemark) sera la première église dotée d'une cloche, fabriquée par les artisans de Hedeby. (photo Lennart Larsen, Nationalmuseet, Copenhague.)

Finalement, comme le souligne Pierre Bauduin, la fin des Vikings est liée à l'affirmation du christianisme, mais également à la formation d'un pouvoir royal centralisé. Ces deux facettes de l'histoire de la Scandinavie vont faire évoluer la société et marquer la transition vers une nouvelle ère, en intégrant les Scandinaves dans le cadre religieux et culturel du continent européen[1].

La christianisation de la Scandinavie

Comme pour le reste de l'Europe, la conversion de la Scandinavie est le fruit d'un long processus, mêlant intérêts politiques et religieux. Le pendentif de Fossi (Islande), à la fois marteau de thor et croix chrétienne, ou encore le moule Trendgarden (Danemark), permettant de mouler des croix et des marteaux, illustrent la complexité de cette phase de transition. D'ailleurs, cette cohabitation du marteau et de la croix, a longtemps été vue comme la représentation de la résistance païenne face à la nouvelle religion monothéiste. On constate aujourd'hui que les deux ont longtemps cohabité[2]. D'ailleurs, le marteau de Lugnas (Suède), intègre l'imagerie chrétienne (la croix et potentiellement le X, figurant l'initiale grec du Christ)[3]. Le *Landnámabók* (« Livre de colonisation de l'Islande ») explique que Helgi le Maigre *« croyait au Christ, mais il invoquait Thor pour les périls de la mer et les moments diffi-*

Marteau de Thor de Lugnås (Suède). La forme reprend le Mjölnir, tandis que le décor intérieur comprend trois croix et un *khi*, 22ᵉ lettre de l'alphabet grec et signature supposée du Christ.
(photo Gabriel Hildebrand, Historiska Museum, Stockholm.)

Stavkirke de Borgund (Norvège),
construite à la fin du XIIᵉ siècle.
(photo Simo Räsänen.)

ciles. »[4], les Vikings, superstitieux et pragmatiques, auraient donc conservé les deux cultes. Rien de guère étonnant puisque, dans toutes les campagnes d'Europe, les mythes et légendes sont emplis de créatures fantasques, renvoyant aux âges anciens. La tombe à bateau d'Årby (Suède), datée du XIᵉ siècle, est pour cette raison intéressante. Ainsi, le mode d'inhumation correspond à la période pré-chrétienne, cependant la Suède est, à cette époque, déjà christianisée. Il est donc possible que l'univers religieux de ces populations ait muté, pour intégrer le nouveau culte[5].

L'exemple islandais

Dans cette même lignée, la conversion de l'Islande pourrait illustrer cette possible cohabitation tranquille, avant un basculement complet dans le Christianisme. En effet, c'est au *Þing* de 999 que les hommes libres prennent la décision d'adopter officiellement la foi chrétienne, en pouvant pratiquer le paganisme dans le secret du foyer.

Une décision très officielle, qui va conclure près de vingt ans de missionnariat actif. En effet, dès 980, le christianisme semble s'implanter profondément. Un tournant est pris en 996, lorsque le roi Olaf Tryggvasson envoie l'un de ses hommes, originaire de l'île, pour contraindre les Islandais à se faire baptiser. Entreprise sans succès, puisqu'il dépêche un missionnaire sur l'île l'année suivante. Après avoir réussi à convertir quelques notables de l'île, le bon missionnaire doit pourtant quitter l'Islande, après avoir tué des hommes l'ayant insulté. Le roi Olaf prend alors la décision de faire prisonnier la communauté islandaise présente à Nidaros, et promet de la massacrer si l'Islande refuse de se convertir. Des messagers sont envoyés en Islande. L'*Alþingi* inscrit alors dans la loi l'obligation des Islandais à se faire baptiser. Cependant, ces derniers peuvent continuer à manger du cheval et à exposer les enfants, ainsi qu'à pratiquer le *Blót* (sacrifice) dans le secret[6, 7]...

Cet exemple illustre parfaitement la difficile décision des Scandinaves face à la christianisation. L'adoption de la nouvelle religion est aussi politique que religieuse, elle permet au pouvoir royal d'imposer son pouvoir, en justifiant ses décisions par le besoin d'évangélisation. De fait, les Islandais n'ont pas adopté le christianisme par foi, mais par nécessité, face au risque d'éclatement de la société[8].

Croix en argent et christ en filigrane, Trondheim (Norvège) et crucifix d'Aby (Danemark).
Cette pièce, de la première moitié du XIᵉ siècle,
est le plus ancien objet liturgique du Danemark aujourd'hui conservé.
(photo Ole-Aleksander Ulvik, Vitenskapsmuseet, Trondheim et photo Damien Bouet, Nationalmuseet,

L'exemple norvégien

Les Norvégiens, quant à eux, ont eu une approche plus frontale face au christianisme. Précédant celle des Islandais, la conversion de la Norvège a été un moment de basculement, fait de guerre fratricide et de barbarie. Elle offre un exemple plus pondéré sur cette relative harmonie, parfois présentée par l'historiographie, qu'auraient entretenu les Vikings face à la religion du Christ.

L'évangélisation de la Norvège aurait été entreprise par Hákon góði, fils cadet de Haraldr hárfagri. Éduqué à la cour du roi saxon Æthelstan, il aurait eu une éducation chrétienne, avant de repartir en Norvège et prendre la couronne vers 935. Il règne à la manière des rois anglo-saxons et réforme le pays. Il fait construire des églises et tente de convertir les Norvégiens, mais se retrouve vite confronté à quelques jarls païens, peu désireux d'abandonner leur foi. Hákon s'apostasie finalement, abandonnant son œuvre missionnaire. La fin du règne d'Hákon est rythmée par des conflits avec des chefs locaux et par la pression danoise, chrétiens et païens semblent alors vaguement cohabiter. Il décède en 961, laissant la Norvège dans un flou politique complet, profitant très largement à Haraldr Gormsson, qui parvient finalement à imposer un protectorat danois vers 970.

La christianisation du pays va finalement stagner durant près de 25 ans, jusqu'au couronnement d'Óláfr Tryggvason. Personnage énergique, on le retrouve aussi bien à Novgorod qu'à la cour de l'Empereur Othon. Il participe au siège de Londres en 994 et se fait finalement baptiser par Alphège de Cantorbéry. Encouragé par Æthelred à retourner en Norvège, il fait une étape aux Orcades pour baptiser le Jarl Sigvard, en le menaçant de tuer son fils. Il débarque finalement sur les côtes norvégiennes en 995. Il use de sa fortune, accumulée par des années de rapine, pour payer son armée. Très vite, il fait le tour des régions de Norvège et pousse les hommes libres à se convertir, en usant de la violence et de l'intimidation. Arrivé dans le Trøndelag, où le paganisme est alors le plus fort, il organisa un grand banquet et convia tous les chefs de la région et leur expliqua : *« Vous me dites qu'aucune offrande ne leur est aussi chère que les hommes qu'on leur sacrifie, et que dans l'autre monde ceux-ci se réjouissent dans la halle du chef des dieux. Je veux aujourd'hui vous conduire au sacrifice. Ainsi je gagnerai la paix et vous l'honneur éternel. Mes amis se tiennent en armes dehors, devant la halle, prêts à faire ce que je veux. »*[9], ainsi les chefs du Trøndelag abandonnèrent le paganisme. Ce passage, très certainement largement romancé, traduit le zèle missionnaire d'Olaf. Il trouve finalement la mort en l'an mil, cinq ans seulement après le début de son règne, après avoir converti cinq royaumes (les Orcades, la Norvège, les Féroé, les Shetlands et l'Islande)[10].

Ces deux exemples traduisent la complexité de la christianisation de la Scandinavie et son rôle éminemment politique.

Penning d'Olaf Tryggvason.
(photo Lill-Ann Chepstow, Kulturhistorisk Museum, Oslo.)

Vue aérienne de la forteresse
de Trelleborg (Danemark).
(photo Niels Elswing,
Nationalmuseet, Copenhague.)

L'affirmation du pouvoir central

À la fin du Xe siècle, le roi du Danemark, Haraldr Gormsson, va créer un réseau de camps militaires pour quadriller son royaume. Ainsi, entre 975 et 980, il fait construire les forts d'Aggersborg et de Fyrkat dans le Jutland, Borgring et Trelleborg en Seeland, Borgeby et Trelleborg en Scannie. Ce projet ambitieux, abandonné peu de temps après son règne, permet ainsi de protéger le royaume en permettant de lever rapidement une armée, mais aussi de collecter les impôts ou simplement d'affirmer le pouvoir royal. Il en profita également pour fortifier les *emporia* de son royaume et de consolider le Danevirke[11]. Ces différents projets montrent la capacité du pouvoir à mobiliser, à la fois des ressources, mais aussi des hommes, pour mener à bien la construction de ces fortifications[12]. Par ailleurs, ils coïncident avec l'émission d'une monnaie royale, arborant la croix, frappée à Hedeby et vraisemblablement destinée à payer les guerriers et aristocrates[13].

En Norvège, malgré la pression danoise, la géographie de la Norvège rend l'unification plus laborieuse. Là aussi, Óláfr Tryggvason va réussir à coaliser les grands chefs, certes par la violence. Il fonde alors Nidaros (l'actuelle Trondheim), qui devient la capitale de son royaume et permet ainsi de mieux contrôler les chefs septentrionaux, traditionnellement plus belliqueux. Sa mort, lors de la bataille navale de Svolder, avorte son entreprise. Il faut attendre 1015, et le couronnement d'Olaf II de Norvège, pour que la Norvège soit unifiée. Il parvient à s'imposer dans le pays et créer du clientélisme pour assurer le contrôle de royaume. Sa politique religieuse, va cependant susciter une vive opposition (à la fois politique et religieuse), qui le mène à la mort lors de la bataille de Stiklestad en 1030. Il devient alors saint Olaf[14].

La consolidation de la monarchie suédoise est moins connue. La Suède est composée de deux grandes provinces, le Svealand et le Götaland. Mieux connue, la monarchie Svear aurait été fondée par les Ynglingars à Uppsala[15]. Erik Segersäll est connu pour être le premier roi chrétien. Son règne voit l'émergence de l'*emporia* de Sigtuna, aux dépens de Birka. L'organisation interne de la ville nouvelle laisse d'ailleurs supposer l'existence d'un pouvoir local. Son fils, Olof Skötkonung, succède à son père en 995. Il est le premier à se faire appeler roi du Svealand (d'après une monnaie frappée à Sigtuna) et est également crédité de la création du siège épiscopal de Skara, en Götaland. Sa présence dans

Bouclier en tilleul découvert dans les fossés
de la forteresse de Trelleborg (Danemark).
(photo Damien Bouet, Trelleborg museum.)

Epée et hache découvertes dans une sépulture pré-chrétienne
de la première moitié du XIe siècle à Langeid (Norvège).
Le registre iconographique de l'épée renvoie
à la stylistique chrétienne. Cependant le mode d'inhumation,
comprenant un important mobilier funéraire,
reste dans la droite ligne des pratiques païennes.
(photo Vike Vegard, Kulturhistorisk Museum, Oslo.)

les deux royaumes permet de supposer l'existence d'une Suède unie durant son règne[16]. Unification de courte durée, puisque la lignée s'éteint et la nouvelle dynastie ne parvient pas à asseoir son pouvoir sur le royaume, dont une partie est sous hégémonie danoise. Ce n'est qu'en 1164 que le titre de roi des Svear et des Götar apparaît officiellement[17].

Bien que les exemples susmentionnés aient, pour la plupart, fait leur fortune sur les mers, ces rois prennent exemple sur le modèle carolingien et anglo-saxon. Le suzerain doit alors réussir à maintenir la paix dans son royaume. Cette paix, parfois chichement payée, permet de conserver une certaine stabilité et donc garantir la légitimité du roi. De fait, les rois scandinaves du XIe siècle vont chercher à pacifier l'aristocratie locale et jouer du clientélisme pour assurer la sérénité. Ils suivent en cela la doctrine judéo-chrétienne, formulée d'ailleurs dans la *Decretales Gregorii IX* ainsi, « *Le Roi pacifique* [le Christ], *par pieuse miséricorde, a disposé ses sujets à se montrer pudiques, pacifiques et honnêtes* »[18].

Au-delà de contrôler la violence et les affrontements, les nouvelles monarchies scandinaves cherchent à éviter les jeux d'alliance et la levée d'armées capables de contester la couronne. Par ailleurs, les diasporas scandinaves sont dorénavant bien installées, dissuadant d'éventuels nouveaux raids. On note quelques rares expéditions royales dans le courant du XIIe siècle, mais elles sont davantage liées à des prétentions territoriales. De fait, la Scandinavie passe dans une nouvelle ère et la piraterie viking cesse naturellement... ▪

[1] Bauduin P., 2019, p.429.
[2] Walaker Nordeide S., 2006, p.222.
[3] Coviaux S., 2019, p.211.
[4] Boyer R. (trad.), 2000, p.169.
[5] Neiß M., 2015, p.228-229.
[6] Grønlie S. (trad), 2006, p.9 (*Íslendingabók* chap.VII).
[7] Grønlie S. (trad), 2006, p.50 (*Kristini Saga* chap. XII).
[8] Coviaux S., 2019, p.149.
[9] *Óláfs saga Tryggvasonar*, Chap XXVIII.
[10] Coviaux S., 2019, p.133-137.
[11] Roesdahl E., 2012, p.656-657.
[12] Bauduin P., 2019, p.432-433.
[13] Moesgaard J.C., 2016, p.200-201.
[14] Moesgaard J.C., 2016, p.200-201.
[15] Fryxell A. 1844, p.13.
[16] Lindkvist T., 2003, p.223-224.
[17] Bauduin P., 2019, p.434.
[18] Roumy F. (trad.), *Corpus juris canonici, Decretales Gregorii IX*, p.2-3.

Pièce de l'échiquier de Lewis (Angleterre), représentant un possible *Berserkr* mordant son bouclier.
(photo Damien Bouet, British Museum, Londres.)

BIBLIOGRAPHIE

Andersson G. (dir.), *Nous les appelons Vikings*, Editions du château des ducs de Bretagne, Nantes, 2018

Barret J. H., "What caused the Viking Age?" dans *Antiquity*, Vol. 82, Issue 317 , 2008 , p. 671–685

Bauduin P., *Histoire des Vikings, des invasions à la diaspora*, éditions Tallandier, Paris, 2019

Bernage G., *Les Vikings en Normandie*, éditions Heimdal, Saint-Martin-des-Entrées, 2011

Bradley R.S., Hughes M.K & Diaz H.F., "Climate in Medieval Time", *Science*, vol. 302, n°5644, 2003, p.404-405

Brown W.C., *Violence in Medieval Europe*, Routledge, Londres, 2010

Bouet D., *Hastings : La naissance d'un royaume*, Editions Heimdal, Saint-Martin-des-Entrées, 2016

Bouet D., *Les Bateaux vikings*, Editions Heimdal, Saint-Martin-des-Entrées, 2014

Bouet D., *L'archéologie expérimentale : restituer et expérimenter le passé*, mémoire de master sous la direction de Loup Bernard (non-publié), Université de Strasbourg, 2013

Bouineau J., "Démocratie antique, démocratie viking" dans *La pensée démocratique, XIe Actes du colloque d'Aix-en-Provence*, Presses universitaires d'Aix-Marseille, 1996, p.13-20

Boyer R., *Les Vikings*, Hachette, 2003

Boyer R., *L'Edda poétique*, Fayard, Paris,1992

Cattanéo G. "Considérations sur la notion de piraterie dans la Scandinavie ancienne et médiévale", dans *Moyen Âge Magazine* n°220, Saint-Martin-des-Entrées, 2021, p.6-16

Cattanéo G., *Le parler viking : vocabulaire historique de la Scandinavie ancienne et médiévale*, Editions Heimdal, Saint-Martin-des-Entrées, 2017

Craig O. I., *Migrant Identity in the Viking Eastern Expansion*, mémoire de master (non publié), soutenu à l'université de Glasgow, 2017

Crumlin-Pedersen O. et Olsen O. (dir.), *Skuldelev Ships 1 (Ships and Boats of the North)*, Viking Ship Museum, Roskilde, 2002

Coupland S., "From Poachers to Gamekeepers: Scandinavian Warlords and Carolingian Kings", *Early Medieval Europe*, 7 (1), Cambridge, 2003, p.85-114

Coviaux S., *La fin du monde viking*, Passé-Composé, Paris, 2019

Darby, H.C., *Domesday England*, Cambridge University Press, 1977

Downham C. "Coastal Communities and Diaspora Identities in Viking Age Ireland", dans *Maritime Societies of the Viking and Medieval World*, Barrett J.H. & Gibbon S.J. (dir.), Maney, Leeds, 2015, p.367-382

Dectot X., "When ivory came from the seas. On some traits of the trade of raw and carved sea-mammal ivories in the Middle Ages", dans *Animaux aquatiques et monstres des mers septentrionales (imaginer, connaître, exploiter, de l'Antiquité à 1600). Anthropozoologica* 53 (14), Jacquemard C., Gauvin B., Lucas-Avenel M.-A. *et alii*, 2018, p.159-174

Dillmann F.-X (trad.)., *Histoire des rois de Norvège par Snorri Sturluson*, Gallimard, Paris, 2000

Dugmore A. J., Keller C. et McGovern T.H., "Norse Greenland Settlement: Refl ections on Climate Change, Trade, and The Contrasting Fates of Human Settlements in the North Atlantic Islands", dans *Artic Anthropology*, Vol. 44, n°1, 2007, p.12-36

Durand F., *Les Vikings et la Mer*, éditions Errances, Arles, 1996

Einarsson A., *"Sólarsteinninn: tæki eða tákn"* (Sunstone: fact or fiction), Gripla, Institut Árni Magnússon, vol. 21, 2010, p.281–297

Eriksson K.E., *Gamla Uppsala : Människor och makter i högarnas skugga*, Norstedts, Stockholm, 2018

Friðriksdóttir J.A., *Les femmes vikings, des femmes puissantes*, Editions Autrement, Paris, 2020

Forte A., Oram R.D. et Pedersen F., *The Vikings Empire*, Cambridge University Press, Cambridge 2005

Gauthier A., "Le phénomène viking" dans *Confrontation, échanges et connaissance de l'autre au nord et à l'est de l'Europe, de la fin du VIIe siècle au milieu du XIe siècle*, Dumézil B., Joye S., Mériaux C. (dir.), Presses universitaires de Rennes, 2017, p.99-115

Graham-Campbell J., "L'expérience Viking dans l'Europe du nord-ouest » (trad. Régis Boyer) dans *Les Vikings, premiers Européens*, Autrement, Paris, 2005, p.94-105

Grane T., "Roman relations with southern Scandinavia in Late Antiquityé" dans *Late roman silver : The traprain treasure in context*, Hunter F. et Painter K. (dir.), Society of Antiquaries of Scotland, 2013, p.359-371

Gritton G., *Warfare and Feuding in Viking Society*, document disponible en ligne sur *www.academia.edu*

Grønlie S. (trad), "The Book of the Icelanders. The Story of the Conversion [Íslendingabók. Kristni saga] [Le livre des Islandais. L'histoire de la conversion]", dans *Viking Society for Northern Research*, vol. XVIII (Text Series), Londres, University College de Londres, 2006

Goldberg E.J., *Struggle for Empire: Kingship and Conflict Under Louis the German, 817–876*, Cornell University, Londres, 2006

Haywood J., *The Historical Atlas of the Vikings*, Penguin Books, Oxford, 1995

Hedeager L., "Scandinavie before the Viking", dans *The Viking World*, (dir.) Brikn S. et Pierce N., Routledge, Londres, 2008, p.11-22

Herschend F., *The Early Iron Age in South Scandinavia: Social Order in Settlement and Landscape*, Uppsala University Press, 2009

Howard I., "Promoting Royal Authority in Anglo-Saxon England: the Making of Edmund Ironside", dans *Royal Authority in Anglo-Saxon England, British Archaeological Reports British Series* n°584, Owen-Crocker G.R. & Schneider B.W.(dir.), 2012

Hoerder D., "Introductory Essay: Migration-Travel-Commerce-Cultural Transfer. The Complex Connections Byzantium-Kiev-Novgorod-Varangian Lands, 6–14th Century" dans *Migration Histories of the Medieval Afroeurasian Transition Zone*, Brill, Leiden, p.50-78

Iversen T., "Slavery and Unfreedom from the Middle Ages to the Beginning of the Early Modern Period" dans *Peasants, Lords, and State: Comparing Peasant Conditions in Scandinavia and the Eastern Alpine Region, 1000-1750, The Northern World*, Vol. 89, Brill, 2020, p.41-87

Jansson, S. B. F., *Runes in Sweden*, KVHAA, Stockholm, 1987

Jensen X.P., "Les armes sacrifiées au Nord – les armes votives de l'Antiquité scandinave", dans *Armes dans les eaux*, Testard A. (dir.), éditions Errance, Arles, 2012, p.165-190

Jesch J., *Ships and Men in the Late Viking Age: The Vocabulary of Runic Inscriptions and Skaldic Verse*, Boydell & Brewer, Oxford, 2001

Jónsson J.O., *Food, blood and little white stones A study of ritual in the Icelandic Viking Age hall*, mémoire de master non publié, Lucas G. (dir.), Université de Reykjavik, 2014

Källström M., "Les runes à l'ére viking", dans *Nous les appelons Vikings*, Andersson G. (dir.), Les Éditions Château des ducs de Bretagne, Nantes, 2018, p.104-113

Kalmring S., "Early Norhern Town as Specal Economic Zones" dans *New Aspects on Viking-age Urbanism c. AD. 750-1100, Proceedings of the International Symposium at the Swedish History Museum*, April 17-20th 2013, Theses and Papers in Archaeology B:12, Stockholm, 2016, p.11-22

Kernalegenn T., "Quand la Bretagne était viking" dans *ArMen* n°196, 2013, p. 12-19

Krantz O., *"Glass production and economic change in « Sweden »1 before the industrial breakthrough Olle Krantz"*, 2019, article non-publié, disponible sur *www.researchgate.net*.

Le Duc C., *Le seiðr des anciens Scandinaves et le noaidevuohta des Sâmes : aspects chamaniques et influences mutuelles*, thèse non publiée, défendue à l'Université d'Ottawa, 2015

Le Jan R., *Histoire de la France : origines et premier essor, 480-1180*, Hachette, Paris, 2007

Le Maho J., "Francs et Normands avant 911 : les dessous d'une réécriture" dans *Penser les mondes normands médiévaux. Actes du colloque international de Caen et Cerisy* (29 septembre-2 octobre 2011), Bates D. et Bauduin P. (dir.), Presses universitaires de Caen, 2016, p.29-51

Ljungkvist J., "A prelude to the Vikings" dans *The Vikings Begin : treasures from Uppsala University, Gustavianum*, Uppsala, 2018, p.11-24

Lynnerup N., "Life and Death in Norse Greanland" dans *The North Atlantic Saga*, Fitzhugh W. & Ward E.I. (dir.), Smithsonian institution Press, Washington, 2000, p.285-294

Maillefer J.M., *Les Vikings*, Éditions Gisserot, Paris, 2015

Malbos L., "Les raids Vikings à travers le discours des moines occidentaux De la dénonciation à l'instrumentalisation de la violence (fin VIIIe -IXe siècle)", dans *Hypothèses*, n°16, 2012, p. 315-325

Mägi M., *Austrvegr: The Role of the Eastern Baltic in Viking Age Communication across the Baltic Sea. The Northern World.* Brill, 2018, p.18

Magnusson T., Arge V.S. et Arneborg J., "Neue Lieder im Norden/antik" dans *Wikinger, Warager, Normannen, Die Skandinavier und Europa 800-1200*, Roesdahl E. (dir.), Zabern Verlag, Berlin 1992, p.52-61

Meylan N., "La (re)conversion des « esprits de la terre » dans l'Islande médiévale" dans *Revue de l'histoire des religions* 3 | 2013 Varia, p. 333-354

McCullough J.A., "Sacred Ground Community and Separation in a NorseChurchyard, Greenland", dans *Debating Religious Space and Place in the Early Medieval World (c. AD 300-1000)*, Bielmann C. & Thomas B., Sidestone Press Academics, Oxford, 2018, p.175-186

Moesgaard J.C., "Vikings et monnaies en France et au Danemark. Aspects politiques, économiques, sociaux et idéologiques", dans *Annuaire de l'École pratique des hautes études, Section des sciences historiques et philologiques. Résumés des conférences et travaux 147 | 2014-2015*, EPHE, Paris, 2016, p.197-202

Musset L., "Naissance de la Normandie", dans *Histoire de la Normandie*, de Bouärd M. (dir.), Privat, Toulouse, 1970

Neiß M., "A Lost World? A re-evaluation of the boat grave at Årby in Turinge parish, Södermanland, Sweden", dans *Dying Gods – Religious beliefs in northern and eastern Europe in the time of Christianisation*, Ruhmann C. & Brieske V., Niedersächsisches Landesmuseum, Hannovre, 2015, p.223-232

Newton, S., *The Origins of Beowulf and the Pre-Viking Kingdom of East Anglia*, Boydell & Brewer Ltd., Woodbridge, 1993.

Nielsen S., "Urban economy in Southern Scandinavia in the second half of the first millenium" dans *The Scandinavians from the Vendel Period to the Tenth Century: An Ethnographic Perspective*, (dir.) Judith Jesch, Boydel Press, Londres, 2012

Nissen-Jaubert A., *Peuplement et structures d'habitat au Danemark durant les IIIe-XIIe siècles dans leur contexte nord-ouest européen*, ANRT Lille, 1996

Olesen R.S., 2010, "Runic Amulets from Medieval Denmark" dans *Futhark: International Journal of Runic Studies* 1, 2010, p.161-176

Pedersen E.A. et Widgren M., "Agriculture in Sweden, 800 bc–ad 1000" dans *The Agrarian History of Sweden 4000 bc to ad 2000*, Myrdal J. & Morell M. (dir.), Nordic Academic Press, Lund, 2011, p.46-71

Price N., *The Viking Way: Religion and War in Late Iron Age Scandinavia*, Uppsala University Press, Uppsala, 2002

Primeau C., Frei K.M. & Jørgensen L., "A ritual site with sacrificial wells from the Viking Age at Trelleborg, Denmark" dans *Danish Journal of Archaeology*, 3:2, 2015, p.145-163

Pollington S., *The Meadhall*, Anglo-Saxon Books, Woodbridge, 2003

Renaud J., *Les Vikings. Vérités et légendes*, Perrin, Paris, 2019

Richards J.D., *The Vikings: A Very Short Introduction*, OUP Oxford, 2005

Richard E., *Men and Whales*, The Lyons Press, Guilford, 1999

Roesdahl E., "The Emergence of Denmark and the Reign of Harald Bluetooth", dans *The Viking World*, Brink S. (dir.), Routledge, Londres, 2012, p.652-664

Roesdahl E. et Wilson D.M., *From Viking to Crusader: Scandinavia and Europe 800-1200*, Rizzoli International Publications, New York, 1992

Ropars G., Gorre G., Le Floch A. *et alii*, "A depolarizer as a possible precise sunstone for Viking navigation by polarized skylight", dans *Proceedings of the Royal Society A : Mathematical, Physical and Engineering Sciences, The Royal Society*, vol. 468, n°2139, 2011, p.671-684

Rundkvist M., *"Domed oblong brooches of Vendel Period Scandinavia Orsnes types N & O and similar brooches, including transitional types surviving into the Early Viking Period"* disponible en ligne sur *www.academia.edu*

Samson V., *Les Berserkir. Les guerriers-fauves dans la Scandinavie ancienne, de l'Âge de Vendel aux Vikings (VIe-XIe siècle)*, Presses Universitaires du Septentrion, Villeneuve-d'Ascq, 2011

Sawyer B., "Scandinavia in the Viking Age", dans *Vinland Revisited: the Norse World at the Turn of the First Millennium*, Lewis-Simpson S. (dir.), Historic Sites Association of Newfoundland and Labrador, St-John, 2003

Schledermann P., *Raven's Saga : An Arctic Odyssey: A Historical Novel*, Corvus Press, 2000

Sindbæk S.M., "Networks and Nodal Points: The Emergence of Towns in Early Viking Age Scandinavia" dans *Antiquity* 81(311), 2015, p.119-132

Sindbæk S.M., "Urban Crafts and Oval Brooches Style, Innovation and Social Networks in Viking Age Towns" dans *Viking Settlements and Viking Society: Papers from the Proceedings of the Sixteenth Viking Congress*, Reykjavik and Reykholt, 16-23 August 2009, Sigmundsson S. (dir.), University of Iceland Press, Reykjavik, 2011, p.409-423.

Solli B., "Borg in Lofoten – From Early Iron Age « cooking-mates » via Viking Age Chieftains to Medieval Farmers" dans *Dynamics of Northern Societies. Proceedings*, Grønnow B. & Arneborg J. (dir.), Conference on Artic and North Atlantic Archaeology, Copenhagen, 2006, p.257-271

Smith K.P., "Who lived at L'Anse aux Meadows" dans *The North Atlantic Saga*, Fitzhugh W. et Ward E.I. (dir.), Smithsonian institution Press, Washington, 2000, p.217

Sundqvist O., "Gudme on Funen:a central sanctuary with cosmic symbolism?", dans *The Gudme-Gudhem Phenomenon: papers presented at a workshop organized by the Centre for Baltic and Scandinavian Archaeology (ZBSA), Schleswig, April 26th and 27th, 2010*, Grimm O. et Pesch A. (dir.), Neumünster, Wachholtz, 2011, p.63-76

Tydgadt A., *Pillards et marchands : les "Vikings" en Al-Andalus au IXe siècle*, article non-publié, 2019

Valtonen I., "The North in the « Old English Orosius ». A Geographical Narrative in Context", dans *Neuphilologische Mitteilungen,* Vol. 109, n°3, 2008, p.380-384

Valk H., "The Vikings and the Eastern Baltic" dans *The Viking World*, Brink S. & Price N. (dir.), Routledge, Londres, p.485-495.

Vésteinsson O., "North Atlantic migrations in the Viking Age" dans *The Encyclopedia of Global Human Migration*, Immanuel Ness (dir.), Wiley-Blackwell, Oxford, p.1-7

Vésteinsson, O., "Ethnicity and class in settlement period Iceland" dans *The Viking Age: Ireland and the West. Papers from the Proceedings of the 15th Viking Congress, Cork, Aug. 18–27, 2005*, Sheehan J. & Corráin D.O. (dir.), Four Courts Press, Dublin, 2010, p.494–510.

Walaker Nordeide S. et Edwards K.J., *The Vikings*, Arc Medieval Press, York, 2019

Walaker Nordeide S., "Thor's hammer in Norway A symbol of reaction against the Christian cross?", dans *Old Norse religion in long-term perspectives Origins, changes, and interactions An international conference in Lund, Sweden, June 3–7, 2004*, Andrén A, Jennbert K., Raudvere C. (dir.), 2006, p.222

Winroth A., *The Age of the Vikings*, Princeton University Press, 2014

Woolf A., "Sutton Hoo and Sweden Revisited" dans *The long seventh century:Continuity and discontinuity in the age of transition*, Gnasso A., Intagliata E.E. e*t alii* (dir.), Peter Lang Verlag, Francfort, 2014, p.5-18

Yorke B., *Wessex in the Early Middle Ages*, Leicester University Presse, Londres, 1995 ▮

Remerciements

Par ces quelques lignes, je tiens à remercier ma famille, mes amis
et mes collègues qui ont largement contribué à la réalisation de ce livre
et plus largement à ma connaissance du monde viking.
Je remercie mes parents qui, depuis mon plus jeune âge, supportent
mes « vikingeries » et autres projets parfois (trop) ambitieux.
Ma compagne qui supporte, elle aussi, mes occupations et préoccupations.
Je tiens à remercier Georges Bernage, mon éditeur, qui a eu la patience
de publier ce livre, véritable « arlésienne » des éditions Heimdal.
Harald Mourreau, graphiste de cet ouvrage, qui a réussi à concilier
avec talent mes desideratas de socs d'araire et les besoins stylistiques
de la collection Islandica.

Je remercie également Grégory Cattaneo, pour sa relecture et ses conseils
bibliographiques avisés. Nathalie et Marc Hersent, et plus largement
l'association Dreknor, pour les journées à naviguer et pour les soirées
à discuter des Vikings et du monde de la mer. Gunhild Øyen,
ainsi que les équipes du Vikingskipet Gaïa et du Saga Oseberg,
pour m'avoir fait naviguer dans les fjords du Vestfold et m'avoir fait
découvrir les grands musées et sites du sud de la Norvège.
Les associations Voiles Norroises et Hag'Dik, qui font vivre l'histoire viking
en France et à l'étranger. Enfin, je tiens à remercier les institutions muséales
scandinaves pour leur professionnalisme et la qualité de leur travail. ▮

Maquette et mise en page : Harald Mourreau

Achevé d'imprimer sur les presses de l'Imprimerie Jelgavas tipogrāfija (Lettonie)
en mars 2021 pour le compte des Éditions Heimdal (Saint-Martin-des-Entrées, Normandie).